子どもリスペクトから始めよう!

子どもの権利が当たり前の日常へ

山下雅彦・著

明誠書林

はじめに

「子どもリスペクト」は、２０１９年の定年退職後、『かめおか子ども新聞』と沖縄の「こどものみかたプロジェクト」との出合いをきっかけに、筆者の中に芽生えたささやかな思想です。実際、翌年の春までに、亀岡と沖縄には足を運びました。そうした腰の軽さは筆者生来のものですが、「子ども」について観察したり思索したりできる自由な時間ができたことも大きいでしょう。

子どもを「人間として」「子どもとして」「個人として」尊重する―そうした子ども観の確立をめざすのが「子どもリスペクト」です。子どもは「人として尊ばれ」「社会の一員として重んぜられる」と書かれた「児童憲章」と、子どもが権利の行使主体として登場した「子どもの権利条約」が根底にあります。それらの源流にルソーやコルチャックがいることも、忘れられてはなりません。ちなみに、本書の副題「子どもの権利が当たり前の日常へ」は、「権利」と「当たり前」が英語では同じ〝Ｒｉｇｈｔ〟であらわされることも意識しています。

本書は、日本子どもを守る会の月刊誌『子どものしあわせ』での1年間の連載「子どもの発見から『子どもリスペクト』へ」が終わったのを機に、その前段階の論考と合わせてまとめて読んでいただければと企画されました。略称である「子リス」の仲間が、全国で飛び跳ねてくれることを願っています。

目　次

目　次

第1部

なぜ今、子どもリスペクトか？

1　子どもの人間的尊厳への「リスペクト」運動を
――地域に子どもの居場所はあるか

はじめに――〝コロナ休校〟で問われた「子どもの居場所」

本章のテーマである「子どもの居場所」は、2020年の春先から日本でもひろがり続けている新型コロナウイルス禍という非常時に、切羽つまったかたちで表面化することになりました。2月27日に総理大臣が感染拡大防止のため全国の小中高校と特別支援学校に要請した一斉休校（3月2日から春休みまで）は、地域差や学校ごとの検討・対応準備期間を無視したあまりに独断的・乱暴なもので、大きな混乱をもたらしたのはご存じのとおりです。まず、今や多数を占める共働き・ひとり親家庭では、とりわけ小学校低学年の子どもに留守番をさせることは大きな不安です。ゲーム漬けの生活を心配する声もありました。そもそも、元気な子どもに家の中で毎日過ごさせるのは無理というものです。にもかかわらず、子どもたちが公園にいただけで非難されたり、学校に通報される事例が後を絶ちませんでした。このため、文部科学省は3月9日、「児童生徒が健康維持のために屋外で適度な運動をしたり散歩をしたりすることなどについて妨げるものではない」との見解を示すに至りました。

放課後の子どもの生活保障のための「学童保育」が、一時的な居場所として〝丸投げ〟されたことも驚きでした。スペースや定員・指導員数などにおいて劣悪な条件におかれたままの学童保育は、学校以上に感染拡大のリスクをもっているにもかかわらず――。全国各地の学童保育が苦慮し対応に追われたことはいうまでもありません。保育園も同様です。障害のある子ども、貧困や虐待のもとにいる子どもたちが学校での保護や支援を受けられず、家庭に閉じ込められたときの苦境も推して知るべしです。グテレス国連事務総長は、自宅隔離が人々のストレスを高め、「最も安全であるべき場所」で子ども・女性に対するＤＶが増加していると警告し、救済を求めました（４月６日）。

一方、筆者が住む地域の広い公園では、平日昼間に通常は見かけない中高生が入り混じっての姿と歓声が生まれ、「災害ユートピア」（レベッカ・ソルニット）を思わせました。それは熊本地震（２０１６年４月）のあとにも経験したことです。

４月６日、筆者ら「子どもの権利条約31条の会」は、こうした事態を前に、緊急アピール「子どもの権利保障の観点から新型コロナウイルス感染症対策を―遊びと文化活動の保障をめぐって」を発表しました。（注１）

４月７日以降、国といくつかの自治体で「緊急事態宣言」が発せられ、学校の休校も延長されるなど、子どもの居場所問題は未解決のままです。

子どもの居場所とは―地域から子どもが消えて

戦後の子どもの「居場所」の変容を１９６０年代、80年代～90年代、２０１０年代（～今日）にそれぞれ光をあてて特徴を素描してみましょう―厳密な時代区分ではありませんが。

まず、地域のあちこちに子どもの「遊び世界」が当たり前に存在した１９６０年代までの姿です。NHKで放送されたドキュメンタリー番組「街に子どもがあふれていた―昭和39年・東京荒川区」（2006年）は、下町の道路が野球や鬼ごっこ・お絵かき遊びに興じ、塀をよじ登る異年齢の子ども集団で埋め尽くされている貴重な映像を紹介しました。大人たちはそんな子どもたちにも寛大です。それは交通事故の頻発に警告を発する目的でつくられた映画ですが、以後、公園・学童保育・児童館づくりの運動がひろがりました。必見の記録映像です。（注2）

しかし、その後もクルマ社会は容赦なく進み、生活道路から子どもが放逐される一方、身近な遊び場だった空き地も宅地や駐車場にされていったのです。筆者は、80年代初め、当時住んでいた埼玉県の町のけやき林（遊び空間）が「最大の利用者であった子どもたちに、何の相談もなく」奪われ駐車場に変わったプロセスを克明に記し、各地で起こっている重大な問題だと指摘したことがあります。（注3）

90年代には「学校5日制」が導入されましたが、標榜する「ゆとり」とは裏腹に、日本の「過度に競争的な教育制度」によって子どもたちは「余暇、身体的活動および休息」を奪われ、「ストレス」と「発達のゆがみ」にさらされ、不登校も増加するばかりでした（国連の日本政府に対する第1回勧告、1998年）。

2000年代から今日まで、新自由主義政策のもとで福祉が大きく後退し、〝7人に1人〟という「子どもの貧困」があらわになっています。子どもの生存権・学習権の危機をなんとか食い止めようと、地域に「子ども食堂」「学習支援」「子どもの居場所づくり」（複合的なものもあり）がひろがっているのはご承知のとおりです。

筆者の友人たちがかかわっている「子ども食堂」の実践の一端から、今日的な子どもの居場所の意味を探ってみましょう（いずれも昨年のSNS投稿）。大阪市西成区内の「子どもの居場所 まーる」に来ているA君（小4）は家では弟妹の世話をしなくてはならない〝ヤングケアラー〟です。その彼が、ある日、来客に「お前だれやねん」「あほボケ死ね」と悪態をつき、上級生に向かって大暴れしそうなのをスタッフは抱きかかえて制止します。A君は「まーる」を「自分だけの居場所」にしたかったのです（運営者 蕚《はなふさ》 由美子さんの報告）。

群馬県桐生市の芦田朱乃さんは、子ども食堂が貧困対策から始まった一面はあるが、その核は「困っている人をひとりぼっちにしないというまなざし」であり、「社会全体で助け合う未来を自分たちでつくっていきたいという願い」なのだと言います。そして「利用している人もその場をつくっている一員」なのだと…。

さらに、東京都目黒区で「すずめ食堂」を運営する神代《かじろ》洋一さんは、食後に異年齢の子どもたちが一緒に遊び、親たちがおしゃべりしている姿を眺めながら、「あたたかい食事を囲んで、子どもと大人がゆったりと育ちあう場」が子ども食堂ではないかとしみじみ感じるのです。

沖縄の「こどものみかたプロジェクト」

子どもの居場所の今日的あり方を問うために、本章では様相の異なる2つの取り組み—沖縄の「一般社団法人 こどものみかたプロジェクト」と京都府の『かめおか子ども新聞』をご紹介しましょう。

まず「こどものみかたプロジェクト」ですが、理事の堀川愛さん（沖縄県子ども総合研究所所長）は、都道府県としては全国で初めての沖縄県の貧困調査を牽引した人です。〝3人に1人〟の沖縄県の実態（29・9％、全国の約2倍）が明らかになったのは記憶に新しいところです。（注4）

彼女の著書『子どもの島 沖縄—「こどものみかた」であるために』（日本機関紙出版センター、2019年）と、直接の聴き取りから学んだことを4点だけ特筆します。

その1つは、電話やLINEで「死にたい」「助けて」とSOSを発信し、救いを求める10代の子どもたち（多くは被虐待経験をもつ少女）の多さです。堀川さんは彼ら・彼女らの声に耳を傾け、真夜中でも駆けつけます。場合によってはスタッフの救急救命士や警察・ビル管理会社の応援を求めます。行政の支援につなげることもあれば、逆に行政から支援要請が入ることもあるそうです。「ゆっくり眠れる安全な居場所」として「緊急保護シェルター」も開設しました（2018年11月）。「現状の制度では残念ながら一人も取りこぼさないということは程遠い」「助けてほしいと願っている子どもたちはそこかしこにひっそりと存在している」実情を訴えています（はじめに、４頁）。

驚くべきは、〝虐待サバイバー〟の子どもたちの自己肯定感の低さです。「あんたなんか生まれてこなければよかった」などと言われつづけた結果でもあるのですが、彼女らにとって自分の誕生日は「呪いの日」であり、近づくと心身の不調をきたすことも少なくないといいます。居場所とアイデンティティーの究極の喪失状態といえるでしょう。

２つ目は、堀川さん自身がそうであったように、家庭に居場所はなくても学校に救われることもあるのですが、その学校が子どもにとって居づらくなる状況もひろがっています。堀川さんは全国一斉学力テストの競争主義でゆがめられた学校と教育が、障害児を含む子どもたちの排除を生み、不登校をふやしている問題も具体的に指摘しています。

３つ目に、貧困と格差の状態におかれた子どもの支援のあり方についてです。県内の或る子ども食堂運営者の１人から「（食費を保障されているはずの）生活保護世帯の子どもに、どうしてご飯を提供しなくちゃいけないんですか？」と相談され、不審に思って聞き返すと、その人の問い合わせに役場が個人情報を「もらした」と知り仰天します。

そうした「そもそも論のところでつまずきや誤解や偏見が出てきてしまった」残念な現場がある一方で、「すべての子どもたちと一緒にご飯を食べ、話し、笑い、遊ぶ。そんな日々をたんたんと」継続してきた「ももやま子ども食堂」（沖縄市）の菅原耕太さんの言葉も紹介しています。

田嶋正雄さん（沖縄タイムス記者）は、米国の作家サリンジャーの有名な小説『ライ麦畑でつかまえて』の中で、主人公の若者が、広いライ麦畑で夢中になって遊んでいる何千人もの子どもたちを想像しながら、崖から転げ落ちそうになった子の「つかまえ人」になりたい―というエピソードを引いて、子ども支援は「ライ麦畑のつかまえ人」が「理想」だと語っています。(注5) 堀川さんや菅原さんは、まさに「ライ麦畑のつかまえ人」なのではないでしょうか。

4つ目に、堀川さんの活動の根底に「子どもの権利（条約）」が座っていることです。彼女は居場所づくりなど子ども支援にあたっては「児童福祉や子どもの最善の利益への理解は最低限持っている必要がある」と強調しています（『子どもの島 沖縄』、149頁）。県内各地で2014年から草の根的に実施してきた「子どもの権利条約を体感するワークショップ」の受講者は延べ1000人を超えるそうです。「権利」をめぐる固定概念を覆す（彼女が「オセロワーク」と呼ぶ）その手法は、独創的で大変興味深いものです。

『かめおか子ども新聞』が拓く社会

『かめおか子ども新聞』は、京都市に隣接する亀岡市内で4年前から発行されているタブロイド判4頁の小さな新聞です。この「世にも珍しい！　子どもが書いて大人が読む新聞」

（同紙のキャッチコピー）は、毎月1回、3万部の発行を誇ります（発行は一般社団法人 日本ファミリーナビゲーター協会、同市の人口は8・7万人）。うち2万部は一般新聞4紙に折り込まれ、残りは市内の飲食店・病院待合室・道の駅などで無料配布されます。記者は小3から中2までの10名の子どもたち、編集長は竹内博士《ひろし》さん（元地元紙記者、愛称は「ハカセ」）です。

そのユニークさを、ある号の取材記事と人気コーナー「はい！　こちら子ども記者相談室デス！」の中に探ってみましょう。街中にある布団屋さん訪問記では、店主から睡眠が健康と子どもの成績を左右するという話を聞いて、次のようにまとめています（2020年2月20日、第48号）。

「実際に羽毛布団で寝てみました。軽くて布団がかかっているのがわからんかった。めっちゃ眠たくなって取材どころじゃなかった。寝るって本当にいいことやし、もっと朝はゆっくりしたい。寝る子は育つんやし学校とか行かなくても羽毛布団で寝てたらええんちゃうの？　ほんと人生は辛いわ」

「ほとんど主観で書いている」（ある読者の感想）ばかりか、論理の飛躍もみられますが、ここには子どもの表現ならではの味わいとリアリティーがあります。

「大人の悩みを子どもが解決」する連載「はい！　こちら子ども記者相談室デス！」は、数か月後にはネット版が生まれ、単行本も出版されました。(注6) 収録されている50項目のQ＆Aの中から、１つだけご紹介しましょう。

Q　【５歳の娘が本当に言うことを聞きません】（父親）

冬でもお風呂上がりに服を着ないし、ごはんは食べかけで席を立って遊びだすし、夜は寝なくて朝起きない。何度怒ってもまた同じことをやります。

A　…〔前略〕…子どもとはそういう生き物です。現実を受け入れるしかない。それが親の試練だと思います。親は子どもを都合よくコントロールしすぎ！　僕らはロボットちゃう。そんな気にすることでもないんちゃう？　ずっと大人になってても風呂上がりに

服着ないんなら問題だと思います。(注7)

興味深いのは、若者の恋愛から高齢者の死の不安まで、相談テーマが世代を超え多種多様で切実なことです。子ども記者の回答について、竹内さんはこう指摘しています。

『子どもは何も知らない』『大人がいつも正しい』は嘘だ。子どもは大人が忘れてきた大切なものをしっかりと持っている」

「バッサリと切り捨てる残酷さの一方で、まるで小さいお坊さんのように世の中を悟っている時や、全てを包み込むような偉大な愛を感じる時もあり、子どもとは実に不思議な生き物だと感じる」（あとがき、126頁）

2020年3月、筆者は亀岡で3人の記者（中1のK君・Hさんと小5のS君）にインタビューしましたが、K君の次の言葉が、子ども記者の活動の魅力を語っていると思いました。

「亀岡は思っていたより広い」

「学校より学ぶことが多い。遊びみたいでもあり…」
「親や先生に言えないことが言える。嫌なことも忘れる」
「ハカセは〝子どもよりも子ども〟」

竹内編集長は『かめおか子ども新聞』を、子どもたちが「取材」という行為をとおして「自ら人の中に飛び込み、世界を切り拓いていく」「人間教育」だ―そのとき、「情報発信ツール」だった新聞は「教育ツール」に変わると述べています（あとがき、127頁）。

私は、この新聞の取り組みが、権利行使主体・市民としての「子どもの権利条約」の新しい子ども観と「意見表明権」（第12条）や「表現の自由」（第13条）、さらには「集まりと自治の権利」（第15条）や「休息・余暇、遊び、文化・芸術の権利」（第31条）を不可欠の要素とする豊かな「居場所」であり、新たな世界の地平を切り拓く先駆けであると信じています。

おわりに―地域から「子どもリスペクト運動」を

「約束していなくても、ここに行けば誰かしらいる。毎日、飽きもせずに暗くなるまでボールを蹴るのが、何よりの楽しみだった」―文字どおり子どもたちの居場所だった廃校跡のグラウンドが工事で使えなくなったことに対し、小6の男の子たちが東京都板橋区議会に陳情した出来事も取り上げ論じたかったのですが、紙幅が尽きました。ぜひ、NHK記者の「Webリポート」（2019年12月17日）をお読みください。（注8）

2019年1月、ジュネーブの国連・子どもの権利委員会は日本政府報告書の審査（第4・5回統合）を行い、3月に最終所見を公表しました。そこで注目すべきは、「児童虐待」とたたかうことはもちろん、「競争的な社会」から「子ども時代」を守り、「子どもを解放する」こと、そのためにも子どもの「聞かれる権利」「参加」「休息と遊びの権利」の保障を強く勧告していることです。（注9）

私は、「子どもはすでに人間である」（コルチャック）、「子どもの声は聴くに値する」（大宮勇雄）といった子どもの権利条約の新しい子ども観と今回の勧告の実現のため、何よりも子どもの人間的尊厳に敬意をはらう「子どもリスペクト運動」をひろげたいと考えています。本稿は「子どもの居場所」をキーワードに考察したその試論です。

注

（1）新型コロナウイルス感染症対策に関する「子どもの権利条約31条の会」のアピール。

（2）山下雅彦「子どもが育つ環境と遊びの再生のために―子ども時代の危機をどう切り開くか」（京都教育センター編『季刊 ひろば・京都の教育』第１９２号、２０１７年11月）。

（3）山下雅彦「いま、子どもの状況をどうとらえるか―〈地域の子ども〉の復権を」（埼玉県学童保育連絡協議会『学童保育研究』第2号、１９８２年）。

（4）沖縄県子ども総合研究所編・加藤彰彦他編著『沖縄子どもの貧困白書』かもがわ出版、２０１７年。

（5）「学校での排除、施しとしての支援を問い直す」（前掲『沖縄子どもの貧困白書』１４２頁）。

（6）かめおか子ども新聞『はい！　こちら子ども記者相談室デス！』新潮社、２０１９年。

（7）同右、24―25頁。

（8）Ｗｅｂリポート「僕らがちんじょうしたわけ」
https://www.nhk.or.jp/shutoken/wr/20191217.html

（9）子どもの権利条約市民・ＮＧＯの会編『国連子どもの権利委員会 日本政府第４・５回統合報告審査 最終所見：翻訳と解説』増補版、２０１９年、Ａｒｔ．31。
山下雅彦『子どもの権利としての生活と表現―生活綴方から問い直す「子どもの権利条約」12条と31条』２０１９年、Ａｒｔ．31、25―26頁参照。

2　子ども観の転換を
――〈遊び〉と〈文化〉が子ども時代を豊かにする

『うっせぇわ』と『学生節』――子どもの〝レジスタンス〟は時代を超えて

みなさんは、2020年の秋から若者と子どものあいだで大ブレイクしている『うっせぇわ』という歌をご存じでしょうか？　強烈なAdo（18歳）の歌い方と挑発的なsyudou（20代）の歌詞にいらだつ大人の中には、「子どもに歌わせたくない」という人もいるようです。

実際にYouTube等でお聴きいただきたいのですが、最初に出てくる「遊び足りない何か足りない困っちまうこれは誰かのせい」は、間違いなく「子どもの権利条約第31条」（休息・余暇、遊び、文化・芸術の権利）のはく奪問題でしょう。

さらに、「あなたが思うより健康です」「現代の代弁者は私やろがい」は、どう受け止めたらいいでしょうか？　フリーライターの島沢優子は、この「辛辣な『うっせぇわ』は、『私の話を聴いてよ』という心の叫びではないか」と言います。また、「めちゃくちゃ共感できる」という彼女の息子さん（大学4年生）も、この歌は「上下関係の文化が根強い」日本で「子どもをリスペクトしない…大人に対するレジスタンス」なのだと語ったそうです。「人生経験は大事だと思うよ。でも、すべて大人が正しいとは限らない」とも述べています。(注1) いみじくも、筆者が提唱する「子どもリスペクト運動」と重なります。(注2)

一方、鮎川ぱて（音楽評論家）はこの歌の中にマイノリティー世代（子ども・若者）の「断念と拒否」「年長者をスルーする処世術」を読み取っています。そして、『『現代の代弁者』の役を正しく若者に譲るなら、そのずっと先には『分断』が解消した別の光景が見えてくるかもしれない」と希望さえ見出すのです。(注3)

ところで、半世紀以上も前の歌謡曲『学生節』（ハナ肇とクレージーキャッツ、1963年）が、『うっせぇわ』と同じメッセージをもっていたといえば驚くでしょうか。ＹｏｕＴｕｂｅ

等で聴いて確認してほしいのですが、「親父さん」「おふくろさん」「先生」に向けて、それぞれ「あんたの息子／娘／生徒を信じなさい」と歌っているのです。「あんたの知らない明日が（も）ある」「ここには入れぬわけがある」と理由まで付して―。ちなみに、「道徳教育こんにちは　おしつけ道徳さようなら」という当時の教育問題（「道徳の時間」特設）まで織り込まれているのは、驚くほかありません。ただのナンセンス・ソングではなかったのですね。

軍歌をも嗤《わら》った戦時下の子どもの替え歌

もっと歴史をさかのぼって、戦時下の子どもの替え歌を取り上げてみたいと思います。『うっせぇわ』の起爆力に触発され、笠木透編著『昨日生れたブタの子が―戦争中の子どものうた』（CDブックス、1995年）を読み／聴き返すと、新たな発見がありました。例えば、『僕は軍人大好きよ』という軍歌が、子どもの手にかかると、「ぼくは軍人大きらい／今に小さくなったなら／おっ母ちゃんに抱かれて／乳のんで／オナカの中へ／消えちゃうよ」とあべこべに―。「遊びで作った替歌が…結果として…もっとも次元の高い反戦歌になってしまった（注4）」のです。

笠木は言います──「誰が作ったのか分からない…替歌が、口伝えで、人から人に伝わっていく、そんな、『手渡しされていく』ものこそ、ホンモノの文化ではないのか」「これらの替歌をうたうことで、自分をはげまし、心をいやしていた」「あの時代、ぼくらにとって、これがうたであり、これが芸術だったのです」(注5)。大人のいやがる「下品な言葉」を「叱られることは百も承知で」使う子どもたちの「連帯感」についても言及しています(注6)。もう１曲、有名な童謡「夕焼小焼」の替え歌を紹介しておきましょう。「夕焼小焼で 日が暮れない／山のお寺の 鐘ならない／戦争なかなか 終わらない／烏もお家へ 帰れない」。笠木は「こんなにも短く、こんなにも鋭く、あの戦争を表現した歌を知らない」と書き残しています(注7)。

遊び惚《ほう》けた子ども時代の幸せ─リンドグレーンと「ちいちゃん」

国連子どもの権利委員会（ＣＲＣ）は、条約31条に関する「ジェネラル・コメント」（総合的解説）Ｎｏ．17で、「遊び」の意義を「子ども時代や楽しみの基本的で欠くことのできない側面であり、身体的・社会的・感情的・精神的発達の本質的な構成要素であることを再確認する」(注8)（傍点筆者）と強調しています。傍点部分のもとの英語が「ｖｉｔａｌ」（バイタル）で

あり、その意味を「生きるために必要な」と理解するとき、筆者の頭には2人の女性が真っ先に思い浮かぶのです。1人は、『長くつ下のピッピ』や『ロッタちゃん』シリーズなどで有名なスウェーデンのアストリッド・リンドグレーン（1907年―2002年）と、もう1人は『おてんばちいちゃんの夏休み―こども土佐絵日記』の著者湯川千恵子（1935年―）です。

　リンドグレーンの評伝でよく取り上げられるのは、「遊んで遊んで〝遊び死に〟しなかったのが不思議なくらい」「安心と自由が私の子ども時代を幸いなものにした」という述懐です。(注9) 実際、彼女の作品には〝死ぬほど遊んだ〟自身の遊び体験が生きいきと投影しています。また、湯川が書き／描き切った小学校6年生の夏休み42日間に象徴される、遊びが中心の面白くてたまらない生活は、彼女がその後の人生を切り拓く大きな力になっているこ

とを確信させます。(注10)

近藤幹生《みきお》（白梅学園大学大学院特任教授）は、増山均（早稲田大学名誉教授、日本子どもを守る会会長）との児童憲章70周年をめぐる対談の中で、１９５０年代から60年代にかけて異年齢集団にもまれ自然の中で「遊び惚《ほう》けた生活」が自分の人生の土台になっているのではないかと述べていますが、(注11)近藤と同じ１９５３年生まれの私もまったく同感です。ちなみに、私が小学生のときに学校引率で見て熱狂したフランス映画『わんぱく戦争』がデジタルリマスター版でスクリーンに帰ってくるタイムリーなニュースも紹介しておきましょう（２０２１年８月６日から東京・ヒューマントラストシネマ有楽町ほかで公開）。

国連・子どもの権利委員会のおかれたジュネーブはルソーの生誕地です。彼のメッセージが２６０年の時をへてよみがえります―「生きること、それがわたしの生徒に教えたいと思っている職業だ」「生きること、それは呼吸することではない。活動することだ」「不確実な未来のために現在を犠牲にする残酷な教育をどう考えたらいいのか」「子どもの遊びを、楽しみを、その好ましい本能を、好意をもって見まもるのだ」(注12)。

子ども観の転換を―31条ムーブメントと「子どもリスペクト運動」をつなげて

私は2020年に行われた第1回「31条のひろば」のシンポジウム「豊かな『子ども時代』の実現と31条」で、『かめおか子ども新聞』子ども記者の「迷言」を数多く紹介しました（本章で取り上げた『うっせぇわ』『学生節』や軍歌・童謡の替え歌は、そのルーツに当たるものだと思います）。そこでは、私が引用した『かめおか子ども新聞』の編集長・竹内博士の「子どもとは実に不思議な生き物」観と、教育学者・大田堯《たかし》（故人）の「子どもは生きもの」論（中村桂子「大田先生に学ぶ」）が『子どものしあわせ』2020年9月号に隣り合って出てくる偶然についても指摘したのでした。（注13）

近年、あちこちで子どもを観察しながら、私は「子どもとは〝ムダのかたまり〟―しかし、それは必要なムダ」「生まれながらの〝多動〟―楽しいことを求めて飛び回る〝ミツバチ〟」だとの確信を深めています。「2歳児は〝ブラブラ期〟」（川田学北海道大学准教授）や「子どもの〝お馬鹿行動〟」（加用文男京都教育大学名誉教授）などとも関連があるでしょう。一方、日々子どもの〝偉大な〟姿を知ることも少なくありません。

子どもの権利条約第31条を、12条（意見表明権）・13条（表現の自由）・15条（集まりと自治の権利）、そして私が提唱する「子どもリスペクト運動」とつなげながら、〈子ども観〉を日々深めていきたいと思います。子どもたちを〝大人が望む硬直した子ども像〟や〝しつけ・指導の対象〟から解放するために―。これが私の「31条ムーブメント」です。

注

（1）https://gendai.ismedia.jp/articles/-/80669?imp=0
（2）山下雅彦「31条と『子どもリスペクト運動』」（『子どものしあわせ』２０２０年9月号）。
（3）https://gendai.ismedia.jp/articles/-/80819
（4）笠木透編著『昨日生れたブタの子が―戦争中の子どものうた』ＣＤブックス、制作・発行／音楽センター、発売／あけび書房、１９９５年、15頁。
（5）同前、22頁。
（6）同前、３頁。
（7）同前、21頁。
（8）国連子どもの権利委員会 総合的解説Ｎｏ．17（２０１３）「休息、余暇、遊び、レクリエーション活動、文化的生活、芸術についての子どもの権利（第31条）」（Ａｒｔ．31）。

（9）クリスティーナ・ビヨルク『遊んで遊んで―リンドグレーンの子ども時代』石井登志子訳、岩波書店、２００７年、など。
（10）山下雅彦解説「『子ども時代の豊かさとは何か』を教えてくれる貴重な〝遺産〟」（湯川千恵子『おてんばちいちゃんの夏休み―こども土佐絵日記』増補版、冨山房インターナショナル、２０１６年）。
（11）近藤幹生&増山均・対談「児童憲章制定70周年を迎えて―子どもを守る運動の新たな展望」（日本子どもを守る会編集『忘れていませんか？　児童憲章』）。
（12）ルソー『エミール』上、今野一雄訳、岩波書店、１９６２年、31頁、33頁、１０１頁。
（13）『２０２０年（第1回）「31条のひろば」報告集』同実行委員会、Ａｒｔ．31、２０２１年、12頁。

3　めざすのは「子どもリスペクト運動」
―第67回子どもを守る文化会議（2021年）に参加して

「子どもリスペクト」は、広い意味で〝子どもの権利条約の父〟コルチャックも言っていたでしょうし、増山均さんも言っていますが、子どもを人間として、子どもとして、個人として、大事にする、敬意を払う、そういうことを私は運動化しようとしております。

京都の『かめおか子ども新聞』は面白い新聞で、子どもが書いて大人が読む新聞です。子どもが大人の相談にも答えています。最初は興味本位で相談した大人も、今では真剣です。子育て世代から若者の恋愛相談、じいちゃん・ばあちゃんの「死ぬのが怖い」っていう相談までもあるんです。子ども記者たちが聞いて、ディスカッションして回答を載せるんですね。実にかしこくて、やさしくて、ちくっと言ったり、子どもの品位があります。品位って子どものもってる茶目っ気や憎まれ口もみんな含んだものだと思うんです。

意見表明権なんてわざわざ言わなくても、子どもはしゃべってるんですよ。遊び心ももって。もちろん、大人の顔色をみながら。戦時中には軍歌の替え歌まであったんですから。面と向かって歌ったらどやされますよ。軍国少年・少女に育てられてますけど〝隙間〟があって、そこには文化があり、芸術がありました。

最近出たばかりの、「こども政策の推進に係わる有識者会議」の報告書（2021年11月29日）をざっと読んでみましたけれども、今頃になって、権利条約や意見表明が大事だとか言っている。これまで政府がさんざんサボタージュしてきた、そのことをきちんと批判しないまま。NGO・NPOの人たちの意見も出てきますけど、本気度が見えず、あいまいなままです。問題は大きいですね。

くり返しますが、子どもたちは意見表明しています。13条の「表現」もいっぱいしているわけなんですよ。そのことを私は拾い上げて、分析し、みなさんにお返ししたい。今日ご紹介のあった堀尾輝久さんの子ども論・子ども観の本も読み直したいと思っています。

第2部

子どもリスペクトとは何か

1　知っているようで知らない「子どもという生き物」

はじめに

「子どもリスペクト」は、筆者が2019年の秋から提唱し、『かごしまの子ども』第37号（2020年）の小文（本書第1部第1章に所収）で狼煙《のろし》をあげた独自のメッセージです。それは、子どもに〈人間として〉〈子どもとして〉〈個人として〉敬意をはらう社会運動であり、言いかえれば「児童憲章」と「子どもの権利条約」の精神を人々の日常と心の中に根づかせようとするものです。

2021年12月の「第67回子どもを守る文化会議」でも語られた「子どもの尊さと品位」(増山均氏)、「新たな子どもの発見」(堀尾輝久氏)という提起を筆者なりに受け継ぎたいという試みでもあります。これから、子どもリスペクト運動の契機となった『かめおか子ども新聞』の魅力と可能性を解明するほか、身近で面白いエピソードをたくさん紹介しながら、「不思議な生き物〝子ども〟」に迫っていきたいと思います。

競争主義的な社会と教育から子どもを解放し、子ども時代を守ること

2022年の年明け早々、大学入試共通テストの東大会場前で起きた無差別刺傷事件も、この連載テーマと無縁だとは思えないのです。逮捕された高2の少年は「偏差値73の高校から来た！」と叫んでいたと報じられています。自己の行動とアイデンティティーを他者に偏差値で〝説明〟したかったのだとしたら、こんなに悲しいことはありません。

この事件の直後、私の授業(集中講義、オンライン)を受けた学生の1人は、「彼の気持ちが分からなくもない」「小中高の時代をとおして、遊ぶこともなく塾通いと受験勉強に明け暮れていた。将来役に立つもの、評価されるものは学業しかない、それ以外はムダだと思い

込んでいた」と語ってくれました。また別の学生も、「彼は日本の競争社会に飲み込まれた犠牲者でもあるのではないかという山下先生のお話に激しく共感した」と言うのです。

数年前、高知の宮川真幸さんが担任した６年生Ｈ君の日記にも通じます。(注１)

「月火水木金土日、それは僕が塾に行く曜日だ。とくにきびしい曜日は、土曜と日曜だ。なぜなら土曜は、７時間10分で、日曜は７時間20分あるからです。…（中略）…本当につかれます。このままだと精神が崩壊しそうです。…（中略）…いっそのこと、今の塾が崩壊してしまえばと思います。人生につかれましたぁぁぁ」

これは、予科練（海軍飛行予科練習生）の生活を象徴する戦時歌謡「月月火水木金金」さえ想起させる心の叫びではないでしょうか。日本の差別と選別、分断と孤立化の教育が、私が受験生だった半世紀以上前から変わらないことに愕然とします。

子どもリスペクト運動は、「競争主義的な社会と教育から子どもを解放し、子ども時代を守る」こと（国連子どもの権利委員会の日本政府への第４・５回勧告、２０１９年３月）と不可分です。

子どもの「聴かれる権利」

ルソーは『エミール』の中で「人は子どもというものを知らない」と260年前に書きましたが、今だって私たちは「子どもという生き物」のことをまだまだ知らないと思うのです。「すでに人間」である子ども（コルチャック）の「聴くに値する」声（大宮勇雄）は大人たちにちゃんと届いているでしょうか？

「心ここに在らざれば、視れども見えず、聴けども聞こえず」と孔子は言ったそうですが、現代の子どもとの関係に置き換えるなら、「子どもの権利条約の精神を身につけなければ、子どもの姿は見えず、子どもの声は聞こえない」。ちなみに、「子どもの意見表明権」は条約第12条に明記されていますが、近年は「子どもの聞かれる権利」と表記されることも多いのです（国連子どもの権利委員会ジェネラルコメント第12号など）。日本語としてなじみにくさはありますが、正確だと思います。マララ・ユスフザイさんやグレタ・トゥーンベリさんのように公的な場で堂々と自分の考え（ｏｐｉｎｉｏｎ）を述べるだけでなく、その子その子の時々の思い（ｖｉｅｗ）を周りがちゃんと受けとめなくてはならないということです。

授業も変わるはず

先月公表された奈良の小学校教師・貝谷咲菜さん（ペンネーム）のエッセイに、「これぞ、授業の新しいかたち！」と私は膝を打ちました。(注２)教材としても長く読みつがれている『ごんぎつね』（新見南吉）の４年生の授業の様子です。紙幅の関係で詳しくご紹介できないのは残念ですが、兵十が捕まえたうなぎをいたずらで盗ってしまった小ぎつね「ごん」。兵十のおっかあが死んだことを知ったごんは、つぐないに栗や松たけを毎日届ける…。

「神様のしわざだから、お礼を」と言う兵十の友人加助の言葉をめぐって、ごんに寄り添った発言が続くなか、「神様やったら…（中略）…人間関係をあげると思う。信頼できる人」という遥さんの発言に共感がひろがる。すると、瞳さんがこう言ったのです―「いや、でもさ、他の誰もおっかあのかわりにはならんからさ」。子どもたちと先生の中に「兵十の孤独が立ち上がる」。子どもたちと「対等な読者」として「一緒に読む授業は楽しい」、『ああだこうだ』があふれる教室をつくりたい」と貝谷さんは結んでいます。そんな物語（教材）や時間が減らされているとも―。

前述の宮川さんと貝谷さんはいずれも私の若い友人で、「子どもリスペクト」運動に熱い共感と支持を示してくれています。さあ、ご一緒に〝子ども発見の旅〟に出かけましょう。

注

（1）宮川真幸「能力と態度の狭間であがく」（教育科学研究会編集『教育』旬報社、2021年9月）。

（2）貝谷咲菜「教室の〈他者〉に出会うことで②――『ああだこうだ』がいっぱい」（『しんぶん赤旗』2022年1月11日）。

2　子どもへのまなざしを問う
――まだ生きている「子どものくせに」

「せんそう　やめて」――5歳児の訴え

２０２２年2月24日に始まったウクライナへのロシアの侵略は、すでに無数の子どもの命を奪い、世界中の子どもたちを怯えさせています。筆者も、３月５日の熊本反戦集会で「子どもに説明できないこの戦争を、ただちに終わらせよう」と訴えました。私が「３びきのこぶた」（ブー・フー・ウー）と呼ぶ孫息子の真ん中「フー」（５歳）は、母親から「ひげじ

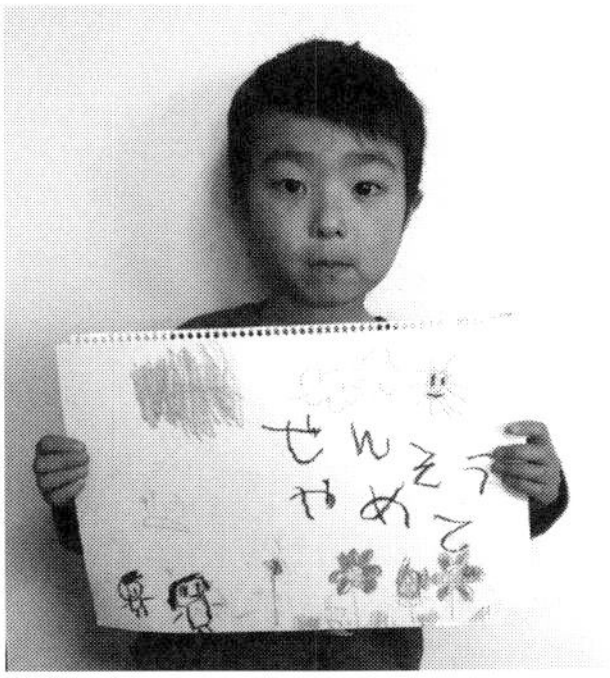

いちゃんが戦争を止めるためにがんばっているよ」「ロシアの女の子がお花の絵を描いて『戦争やめて』って言ったら、逮捕されたんだって」と聞かされ、とても心配していたそうです（注…「ひげじいちゃん」は筆者のこと）。さらに、「その子はパパやママが守るから、絶対大丈夫」と話すと、フーは「だったら、ぼくがその子たちの代わりに絵を描いたらいいじゃん」と1枚のポスターを一気に描き上げました。

「子どものくせに」あるある（1）――家庭編

私は長年、子どもの権利に関する複数の大学の授業の冒頭で「『子どものくせに』とか『子どもだから』と言われたり、そういうまなざしを向けられて、悲しかった／悔しかった経験」を学生たちに聞いてきました。そしたら、出るわ出るわ…。膨大なファイルが手元にあります。その中から、ほんの少しだけご紹介しましょう。

まずは家庭（親）編。「お正月に、『子どもは数の子を食べるな』と言われた」「家族でファミレスに行ったとき、ワクワクしながらメニューを開いたとたん、『あんたは子どもだから、お子様ランチでいいよね』と決めつけられた」などはちょっと笑えますが、こんな例はどうでしょうか。

「小学校6年生の頃、家族で外出したとき、何度かそこには行ったことがあり、大体の道筋は覚えていた。運転していた母親に『絶対にこっちじゃない』と言ったが、『子どものくせに黙っときなさい』と怒られた。それを聞いた瞬間、言いようのない怒りと悲しみがあふれ、それ以降一言も言葉を発せず無言で車に乗っていた。結果的に目的地へ行くのに必要以上の時間がかかり、自分の言っていたことが正しかったと分かったが、それを言うとまた怒られそうだったので何も言わなかった」（A君）

悔しさが伝わってきて、同情にたえませんね。次のエピソードは、対話的で〝救い〟のあるケースです。教室で紹介すると、笑いがひろがりました。

「高校生のとき、『だれのおかげでメシが食えてると思っとんじゃ！』と父が怒鳴ってきたので、「あのなぁ、オヤジ。それは子どもが反論しようのない卑怯な言い方やと、前か

ら言ってるやろ。他の言い方、できんのか？」と返したら、『できんのじゃ』と。それはそれで情けないと思った」（M君）

「子どものくせに」あるある（2）―学校編

「小学校には、児童会で決めた「廊下を走らない」というルールがあった。あるとき友達と廊下を歩いていると、先生が廊下を走っていた。私が先生に『廊下は走ってはいけないですよ』と注意すると、『先生は廊下を走ってもいいんです』と言われた。私は、走って危険なのは大人も子どもも変わらないのに理不尽だと思い、担任の先生に話すと、その先生に伝えてくれました。その後走った先生も納得してくれたようなので、悔しさはなくなった」（Kさん）

「小学生の頃、欲しいものを親にねだることをしない遠慮がちな子どもだった。ボールは譲るし、すべり台も率先して乗らなかった。友達はあまりいなかった。ある日の放課後、先生に呼び出された。『あなた、あんまり遊んでいるの見ないんだけど、友達はいるの？』。

なんで先生にそんなこと言われなきゃいけないんだ。思わぬ言葉が先生の口から飛び出した―『子どものくせに、遠慮なんかしないの』。ハッとした。それからは意識して遠慮をやめ、ボールは思う存分使うし、すべり台もがんばって乗った。不思議なことに、それから友達が徐々に増え始めた」（N君）

Kさんの異議申し立て、届いてよかったですね。N君の担任の「子どものくせに」は変化球ながら、有効な〝指導〟だったと思います。「今では、複数人での食事の際は迷いなく残りの１個の唐揚げを取る。もう少し遠慮すべきだなと反省している」そうですよ。

「子どものくせに」あるある（３）―地域編

「私が小学生の頃、スーパーでお菓子を買うためにレジに並んでいたら割り込みをしてくるおばちゃんがいたので、その人に『割り込みしないでください』と言ったら、舌打ちしながら、『子どものくせに生意気』と言われた。そんなこと言われたことがなかったので、帰り道で泣いた」（Sさん）

「私が通っていた小学校では、子どもだけで遊んでいいのはその校区の中だけと制限されていた。親や先生が子どもの身の安全を考えて作ったルールだというのは今思えば理解できるが、当時は鳥かごに捕われた鳥のような窮屈さを感じていた。中学生になって友達と校区外に自転車で遊びに行ったとき、大げさに言えば旅行をしているような感覚だった。この時、初めて自分が大人に縛られていない自由の身になったのだと感じた。子どもの人権を尊重するのも、安全を考えることと同じくらい大事なことではないか」(H君)

Sさんに「よしよし」してあげたい。そこに居合わせた店員や客が援護射撃してくれたケースもあるんですがね…。発達の権利としての「子どもの世界」にかかわるH君の〝そもそも論〟は重要ではないでしょうか。

近年、男女格差と「ジェンダー平等」は社会・政治課題の俎上に載せられることがふえてきましたが、児童虐待・体罰・管理主義教育などの根っこにある「子ども差別」については未《いま》だしの感がぬぐえません。日常の生活の中に〝大人と子どもの平等〟が実現するには、まだまだ努力が必要のようです。

3 『かめおか子ども新聞』の秘密
——竹内博士編集長に聞く

筆者が「子どもリスペクト運動」を提唱するようになった契機の1つが『かめおか子ども新聞』です。「子どもが書いて大人が読む」この新聞に注目が集まっています。今回は、竹内博士《ひろし》編集長（愛称は「ハカセ」、41歳）にインタビューしました（聞き手は筆者）。

Q1 これまでの秀逸な「子ども記者相談室の回答」や「迷言」の数々は、私も会ったことのある「こうすけ君」はじめ彼らの個性によるところが大きいと想像しているのですが、いかがですか？

A　確かに彼は突出していました（この春から高校生）。ほかにもピリッと毒舌の女子や不思議な世界観を持っている男子がいて、１人ひとりの子どもの個性（特性）を活かした紙面づくりをしています。子ども新聞は「どんな子ども記者がいるか」によって紙面もその都度変わってくると思っています。編集長としては〝基準〟は設けずに、その時どきのいろんな子どもの色を混ぜ合わせて絵が描けたらうれしいです。

Q2　**記者の募集について。習いごとのようなかたちで親御さんはわが子を通わせるんでしたよね？　どんなことを期待して？　ちなみに、会費はいくらですか？**

A　会費は月に5千円。活動は月に4回です。親御さんは「学校では学べないことを学ばせたい」「コロナ禍で、自宅にこもってＹｏｕＴｕｂｅばかり見ている。リアルな人とのコミュニケーションや交流をさせたい」「幅広い生きる力につなげたい」などの期待があります。既存の学校教育に疑問を感じる保護者も多く、フリースクールなどもふえてきました。その流れの中で「子どもの居場所」としてとらえている保護者も多いです。

Q3　相談室の相談はメールやＦＡＸで受け、その中で選んだ質問について、みんなで集まって議論（おしゃべり）し、結果をハカセがまとめているのではないかと想像しますが、そうですか？　〝ハカセテイスト〟はどの程度あるのかな？

A　その通りです。１つのお題に対して座談会をもち、意見集約し私がまとめます。ハカセテイストは文面ではなく座談会のときに、さまざまな側面に光を当てる質問を投げかけて〝コントロール〟する感じですね。私の言葉は極力使わず、子どもの言葉を使いたい。だからこそ、私は質問しまくってそれを引き出しています。

Q4　迷言集はどこで出合い、選んでいるんですか？

A　取材中の雑談の中でポロっと出た子ども記者の言葉から、「面白い」と思ったものを迷言集として出しています。

Q5 毎号、町に出ていろんなお店などを取材していますよね。学校の「校外学習」とはひと味違う子ども新聞の活動だと思っていますが（遊びの要素や町を知る…など）、いかがですか？

A 子ども新聞活動は「地域を知る」「人を知る」ことを中心に、校外学習の性格が強いです。むしろ、積極的に取り入れています。子どもたちが地域の人や企業や飲食店に触れることで、愛郷心につなげたいという〝ねらい〟があります。

Q6 「かめおか」にならって、東京・埼玉・北海道などに子ども新聞はひろがっているのですね？　また、すでに出版された『はい！　こちら子ども記者相談室デス！』（新潮社）の韓国版・台湾版、そして企画中だと

いう中国版・タイ版の経緯を知りたいです。また、それらが実現している理由もしくは背景をどう見ていますか？

A　東京都立川市や埼玉県さいたま市でも、これまで数回は発行しているようです。年に4回、全国記者ミーティングをオンラインで実施して、お互いの活動報告などをしています。2022年4月、それらがつながって「一般社団法人 日本子ども新聞協会」を設立しました。

翻訳本については、海外出版社からのオファーによるもので、亀岡側から売り込んではいません。海外出版社からよく言われるのは「これまでとは真逆（子どもが大人の悩みに回答）の企画が面白い」「うちの国でも、そのような二次的な動きを期待している」といったことです。

私自身は、国に関係なく、子どもを中心に「子どもの世界」を発信することに大きな意義がある（どこの国の社会も、やはり大人が牛耳っている？）のかなと思っています。大きくいえば、「子どもの自由を勝ち取る（取り戻す）」動きではないかと感じています。

Q7　編集・発行にあたっては、目に見えないご苦労もおありかと思います。それはどんなことでしょうか？　また、今後の課題は？

A　編集については「子どもの世界を食材の鮮度を落とさず、いかに素材の味のまま出すか――」が悩みです。私はあくまでも味付けをするシェフで、ちょっと薄味を添えるイメージ。〝料理しているけど料理しない〟――矛盾した言い方ですが――ことが課題ですね。

毎回、発行後は「これは露骨すぎる」「言い過ぎだ」「子どもの言葉をそのまま出すのはいかがなものか（偏見だ）」「新聞だから中立に」などの声が読者から寄せられ、私の中ではいつも葛藤です。

私は、型にはまった「お利口さん」の子どもがキレイに取材・発信するスタイルが好きではない（それだと、全面的な大人テイストの子ども新聞になる）。「通常は新聞としても読み物としてもありえない」「ロジックが崩れている」ものこそが子どもの世界なので、〝素材の味〟にこだわりたいのです。「畑から収穫したままの半分土がついた状態だけど、これが一番の素材の味だし食べてね！」っていうのがベストだと思っています。

そもそも、大人がコントロールしまくる世界を生きる子どもたち（自宅では親が、学校では先生が、それ以外は地域の大人や社会の風潮がコントロール）の、本当に純粋で単純で素顔のままを大事にしたいし、そこにこそ価値があり、それがブランドだよと発信したいです。私自身は、編集長（大人）というより、ガキ大将（昔の子ども）という立ち位置でいたいなと思っています。

Q8　最後に、どうしても確認したかったことを。ハカセが書いておられる新潮社本の「あとがき」は名文だと思いますが、そのキーワード「子どもは不思議な生き物」という子ども観はどこで身につけたものですか？　さらに、『子どものしあわせ』２０２０年９月号で私が初めて「かめおか」のことを紹介したとき、まったくの偶然ですが、著名な教育学者で第3代日本子どもを守る会会長だった「大田堯さん」も、生前「子どもは生きもの」が持論で、そのことを隣り合ったページで中村桂子さん（生命誌研究者）が書いておられたのです！　ハカセは、大田さんの存在や彼の「生きもの」論に接することなく、まったく独自の道程で、このキーワードに到達したのではないかと推察しますが、間違いありませんか？

A　大田さんは、恐縮ながら存じ上げませんでした。そうでしたか、そんな「論」になるほどのものとは！　私が思いついたのは、自分が親になった2012年あたりからかもしれませんね。わが子を観察するうちに、不思議な生き物だなと感じるようになり、さらには、「おや？　子どもの方が上をいってるのでは？」という感覚も。さらには、「これは大人が忘れた人間の原点ではないか？」とさえ思い至ったのです。

【かめおか子ども新聞】　京都府亀岡市で2017年創刊。発行元は一般社団法人日本ファミリーナビゲーター協会（2022年度からは一般社団法人 日本子ども新聞協会）。表裏フルカラーで毎月20日発行。京都新聞・毎日新聞・産経新聞・日本経済新聞に折り込み配布。発行部数3万部。現在、記者は小中学生11名。

【竹内博士編集長】　1981年、山口県生まれ。大学卒業後、地元紙記者を10年務め、2012年に独立。企業のコミュニケーション研修を行う。2023年1月より亀岡市議会議員（ニュースタイルかめおか党）。

4　子どもの「かわいさ」

「子どもがかわいいなんて…」

数年前、ある人から聞いた話です――新卒で小学校の教員になった知り合いの若い女性と半年後に会ったとき、彼女に「子どもってかわいいでしょうね」と言ったら、「とんでもない。子どもをかわいいなんて思ってたら、教師は務まりません」と即座に否定され、「ほんとに驚いた」と。何が（だれが）彼女にそう言わせているのでしょうか？

今回のテーマは子どもの「かわいさ」。心理学の世界では、動物行動学者ローレンツの論文（1943年）を皮切りに、ここ20年ほどの間にもかなりの研究の蓄積があるようです。『「かわいい」のちから』という本を読んで、そのことを知りました[注1]。

「かわいさ」「けなげさ」に感動する教師

筆者の友人で阿蘇の小学校教師・藤原朱美さんはこの道30年のベテランですが、彼女の口ぐせは今でも「子どもってかわいい」です。著書『わたしの愛《いと》しい子どもたち』には、そんな子どもたちのエピソードがあふれています[注2]。2つだけご紹介しましょう（登場するのはいずれも1年生）。

「音楽の時間。だいご君が私のそばに来ました。『先生、オレ、鈴になった！』。見ると、お腹に楽器の鈴を2つ入れています。『じゃあ、背中にも入れてやるね』と言って、あと2つ入れてあげました。そして、ジャンプするんです（笑）。『シャンシャンシャン』って。そして音楽にうまいこと合わせます。『おおきなおとがする～♪』『シャンシャンシャン』。本人すごく楽しそう」（81頁）

「昨日の算数で、ちょっとつまずいてしまった子がいたんです。一緒に勉強して、問題は解けたものの、納得しなかったのか、少し機嫌が悪そうでした。『休み時間に遊んで、少しすっきりするといいよ』と言うと、『うん』とうなずくその子。私は出席を書きに職員室に戻り、お茶を一口飲みながらその子のことを考えていました。…（中略）…その後教室に戻ってびっくり。その子が算数のノートを開いて、自分で問題を書きながらブツブツ言いながら解いているんです。私、何とも言えないくらい感動して。『わかりたい！』という気持ちが伝わってきました。…（中略）…

しばらくして、ノートを持ってきました。まちがっているところは、また一緒にやり直して。花丸つけて、『すばらしい！　じょうずになったね』とコメントしました。ノートをその子に返すと、私に抱きついて泣き出したんです。『わからなくて、くやしかったの？』と言うと、ヒックヒック泣きながらうなずきます。『ちゃんとできてるよ。じょうずにできてる。あなたはなんでもまじめに一生懸命やるから、できるようになるんだよ』…（中略）…今日の放課後も一緒に算数のプリントをしました。見守りながら、時々話をしながら解くと自分で最後までできました。『簡単だった』と、笑顔のその子とハイタッチ。

いつでも、どれだけでもつき合うよ。がんばりやのあなた」（102―103頁）

「宮田がよかった」

次は、福岡の学童保育の若い指導員・宮田悠輝夫さんのフェイスブックから。

「4月1日。前年度1年間同じクラスで過ごしてきて、明日から私とは違うクラスになる新2年生の男の子。歩いて帰っているのを見つけて追いかけて、『1年間ありがとねー！　○○君しっかりさんやけ、新しいクラスでも先生を助けてあげてよー』と声をかけながら捕まえたら、『宮田がよかった』とボソッと言って泣きはじめました。

いや、まじ泣かせるやん。学童のクラスなんて、あってないようなものなのですが、それでもそう言ってくれるのかー。なんてかわいいんだ。そんな一言に救われながら、明日もがんばれます」

「2月9日。赤ちゃんを抱えてお迎えに来た保護者のところに『かわいー』『なんさーい？』」。赤ちゃん見たさに子どもが集まるのは、よくある光景です。

今日もそんな場面があって、赤ちゃんが着ていた服がグレーと白のしましまだったのを見て、『囚人服みたーい』と言った3年生の男の子がいました。『囚人服て…。もっとなんかあるやろー』と苦笑いしてたら、『みんなの心を奪った罪やね』と―。イケメンすぎだろ…。参考にさせていただきます」

「こまったときはオレにいってね」と3歳児が…

2021年秋のある日、筆者の孫「3びきのこぶた」の長男「ブー」（7歳）が風邪で学校を休んだ日、次男「フー」（5歳）と三男「ウー」（3歳）がわが家にやってきました。帰りがけ、車後部のチャイルドシートに座ったウーが私に何か話しかけていますが、聞き取れません。母親に〝通訳〟してもらうと、こうだったのです―「かぜひいたら、オレにいっ

てね。なにかこまったときは、オレにいってね」。

３歳児がそれ言う？　こっちのせりふじゃないの！　ほんとに驚きました。

「かわいい」にも年少者へのリスペクト

冒頭ご紹介した本は、「一応『かわいい』のバックグラウンドを知っておこう」ぐらいの気持ちで手にしたのでした。読み進んで、入戸野《にっとの》さんの以下の記述に目が止まりました。

「現代における『かわいい』は上下関係ではなく、水平関係を示していると私は考えています。…（中略）…もし目上の人を『かわいい』と感じるなら、それは相手を侮っているわけではなく、単純な上下関係を超えた『仲間意識』を感じているということです」（２０９―２１０頁）

学生からキャンパス内で面と向かって「かわいい」と言われたことのある私は、これを読み少し安堵しましたが、それ以上に注目したのは次の締めくくりです。

「また、弱者であってもそこに嫌悪や軽蔑があれば、『かわいい』とは感じません。『かわいい』の根底には、上下関係によらず相手を尊重する気持ちがあります」（210頁、傍点は筆者）

子どもの「かわいさ」や「けなげさ」は、「子どもリスペクト」というテーマからみて余談でも傍論でもなく、〝直球〟だったのですね。

注

（1）入戸野宏『「かわいい」のちから—実験でさぐるその心理』化学同人、2019年。

（2）藤原朱美『わたしの愛しい子どもたち—朱美先生の子どもエッセイ』本の泉社、2018年。

5　子どもは走る、叫ぶ、踊る
―そのムダで必要な動き

♪「走る走るオレたち」

どうして、子どもは片時もじっとしていないで、あんなに走るのでしょうか？　スーパーでも病院でも、登下校中でも―。「危ない」と感じると同時に不思議で見飽きません。

あるスーパーでは、走っては通路ごとに「バーン！」とピストルで何かを撃つ真似をする男の子がいました。デパートでは、後ろ向き（！）に走る子もいて、「あんた、どこ行くの

!?」（母親）。正月、破魔矢を振りながら歩道を走る女の子を目撃しました。私の頭の中を流れるのは♪「走る走るオレたち〜」という爆風スランプの『ランナー』（１９８８年）です。「転ぶよ、転ぶよ」というお笑いタレント・横澤夏子のリアルな「お母さんの予言」（一瞬の物真似）をＹｏｕＴｕｂｅでごらんください。ただし、ときにはストップさせなくてはいけませんね──事故を防ぐために。

子どもは「楽しいことを求めて飛び回るミツバチ」

子どもがあんなに走るのは、エネルギーをもてあましているからに違いありません。もう１つは、走りたくなるほど今が心はずむと同時に、〝一寸先〟にも何か楽しいことが待っていると期待しているからではないでしょうか。つまり、子どもは根っからの「オプティミスト（楽天主義者）」であり「パイオニア（開拓者・先駆者）」ではないかと思うのです。

走るだけではありません。子どもによっては、次に何やら雄叫びをあげます。また、ステップを踏んだり、両手をあげて〝阿波踊り〟を始める子もいます。外で子どもを見かけたら、それとなく観察することをお勧めします。「不思議な生き物〝子ども〟」の姿に驚き、呆れ、

保育園の運動会（熊本）

舌を巻くことでしょう。

不思議といえば、目の前のものを何でもさわりたがる子も少なくないですね。スーパーなどで見かけて眉をひそめる人もいることでしょう。それは、世界を確かめる自然な動物的探索活動の1つなのかもしれません。

子どもは「ムダな動きのかたまり」、しかしそれは「必要なムダ」

そんな彼らを見ていてつくづく思うのは、子どもって「ムダな動きのかたまり」だなということです。しかし、それは彼らにとっては（矛盾した言い方ですが）「必要なムダ」なんだろうと思います。

3年ほど前、2歳児を「イヤイヤ期」というネガティブなレッテルでなく「ブラブラ期」と呼んだらどうかとの提起が反響を呼びました（川田学北海道大学准教授）。私も、以前、ある停留所でバスを待っているとき、知り合いの保育士さんが2歳児数人を近くの公園に連れて行くところに出くわしましたが、あいさつして10分後に振り向くと、子どもたちが何やら地面をいじりながら、まだそのへんにいるではありませんか。「なるほど、さすがブラブラ期！」。成長するにつれ、人間は「目的」と「手段（またはプロセス）」の二元論にしたがって行動することが多くなりますが、幼い子どもほど「今」がすべてだということでしょう。そこには必要と必然性があるのです。

この子どもたちのムダな動きを利用できないかと夢想したら、ありました！　―「子ども発電」「遊び発電」という研究が。実用化にはいろいろ課題があるでしょうね。

「たくましき原始子ども」

のちに「たくましき原始子ども」を提唱することになる戦前高知の生活綴方教師・小砂丘《ささおか》忠義は、１９１７（大正６）年、20歳の駆け出しの頃、こう書き残しています。(注１)

「今俺が主義としていってあるのは、一、元気、二、うそをいはぬ、之だけだ。うそをいはずにありのままの自己をあらはすには無上の元気がいる」

「子供は盛にうごく。よくも、わるくも。然しわるいことでもする元気のある子がはじめて良いこともすることが出来るんだ」

2010年の国連・子どもの権利委員会（ジュネーブ）において、ドイツのクラップマン委員は「日本政府報告書は『指導』という言葉で埋めつくされていますね。子どもを見たらいつでもどこでも指導なんですか？」と皮肉を交えて政府代表団に質問しました。傍聴していた私の目の前で―。百年近く前の小砂丘の子ども観のほうが、よほど「子どもの権利条約」に近いと思ってしまいます。

子どもの「おバカ行動」

子どものムダな動きを象徴する「おバカ行動」のエピソードで、本章を締めくくることにしましょう。加用文男さんの研究書のタイトル「お馬鹿行動」をふまえつつ、(注2) もっと日常的で軽やかな子どもの動きをとらえて「おバカ行動」と〝かな書き〟します。熊本のMさんという母親が話してくれた、現在中学生の息子さんの小学校低学年時の話です。

「ファミレスで食事してお店から出たとき、外は小雨模様でした。彼が右に左にからだを揺らし、すっごく変な動きをするので、『何しよると?』と聞いたら、『雨をよけよっとたい(=よけているんだよ)』と言うのです。そばにいた夫が『俺もしたことある』と言うじゃありませんか。子どものへんてこな面白さ、〝いらんこと〟に感心しました。

この息子は、保育園時代のやっぱり雨が降っていた日のことですが、家に帰り着くまでにどんどん服を脱いで行って、家に着いたらパンツ一丁になっていたこともあります」

走る、動くムダからは外れますが、この「夫」は子ども時代の予防接種のとき、お医者さんに「自分で打ちます!」と言った人だそうです。お笑い芸人「サンドウィッチマン」じゃありませんが、「ちょっと何言ってるか分からない」意表をつく面白さですね。この父親にしてこの子あり?

注

(1) 竹内功『人間教師—生活綴方の父・小砂丘忠義』高知新聞社、1998年、47頁。原文はカタカナ。
(2) 加用文男『子どもの「お馬鹿行動」研究序説』かもがわ出版、2016年。

6　好きに過ごす権利
——遊んだり休んだり…

「子どもリスペクト」の要素としての条約31条

筆者が「子どもリスペクト運動」の〝旗〟をあげたのは『かごしまの子ども』第37号（2020年8月、本書第1部第1章所収）と『子どものしあわせ』同年9月号でした。後者は本書では割愛しましたが、そのタイトルは「31条と『子どもリスペクト運動』」とされており、提唱のベースには、子どもの権利条約第12条（聞かれる権利）、13条（表現の自由）と並んで31条が強く意識されていたのです。31条は、「休息と余暇、遊びとレクリエーション、文化的・芸術的生活への参加」の権利をうたっています。今回はこれに光を当ててみましょう。

その前に、31条の意義と実践的課題について書かれた国連子どもの権利委員会の「ジェネラル・コメント」第17号（２０１３年）(注1)から要点を３つだけ抽出しておきたいと思います。第1は、この条文が「構成要素の面でも、条約全体との関係においても、まるごと（ｈｏｌｉｓｔｉｃ）理解されなければならない」、第2に、「余暇（ｌｅｉｓｕｒｅ）とは子どもが思いどおりに使える時間である」、第3に、「遊びは子ども時代の喜びの基本的かつ命にかかわるほど重要な側面である」ということです。

本誌では、２０２１年４月号から「ひろがる『31条ムーブメント』」の連載が多様な書き手によって続いています。また、コロナ禍が始まる当初から「31条の会」は、この条文の精神で「遊ぶことをやめない」などのメッセージを発してきました。

こうして子どもの遊び場は奪われた

今、子どもたちの遊びはどうなっているのでしょうか？　私にとってこの問いの〝原点〟といえるのが、第1部第1章でもふれた、ちょうど40年前に目撃した身近な〝切ない〟出来事です。(注2)当時住んでいた埼玉県のある町のアパートの隣りには小さな「けやき林」があって、鳥がはばたき夏にはセミが鳴いていました。近所のリュウちゃんやアイちゃん（いずれも3歳）は、その木陰でダンボール遊びやままごとに興じていたものです。ところが、そのささやかな遊び場は、わずか半年ほどの間に、「その土地の最大の利用者」であった子どもたちに何の相談もなく、駐車場に様変わりしたのです。工事期間中でさえ、3、4人の小学生たちはダンプカーが来ない時を見計らって、横倒しにされたままの一本の木を船に見立てて遊び、土の山を「オレたちの基地にしようぜ」と相談していたのですが…。結局、空き地は「立ち入り禁止」の看板と冷たい金網で囲われ、子どもたちは完全に放逐されました。

すでに1960年代の高度経済成長期から日本のあちこちで起こっていた自然破壊とクルマ社会化のありようを、早送りの映像で見た気がしました。

学生たちの宝物のような子ども時代

時は流れて、２０２０年代…。私の集中講義を受講した熊本大学の学生たちから「子ども時代の遊び」についてアンケートをとってみました（主に3年次生。2期分、計３８１名。複数回答あり）。幼・小・中高それぞれの時期区分ごとに上位3位までを見ると、次のような結果でした。

【幼児期】❶ままごと・家族ごっこ（40）❷泥遊び・泥団子づくり（37）、鬼ごっこ（37）❸砂場遊び（22）
【小学校】❶鬼ごっこ（１９５）❷ゲーム（１３７）❸サッカー（１０４）
【中学校・高校】❶ゲーム（21）❷おしゃべり（11）

ホッとさせられたのは、小学校時代の予想を超える遊び世界の豊かさで、とりわけ「鬼ごっこ」がゲームやスポーツ系を抑えて首位であったことです（ほかにも「ケイドロ」が第5位、78）。

一方、中高時代は部活中心の生活となり、「遊びという遊びはなくなった」（ある学生の表現）

ことがうかがえます。

今回、強く印象づけられたのは小学校時代の「秘密基地」（59）です。この古典的（？）でダイナミックな遊び体験の代表として、一例だけ（Yさん、女性）ご紹介しましょう。

「わが家の裏山には竹林と古い空き家があり、折れた竹、トタンやベニヤ板がたくさん落ちていた。十歳にもならない子どもたちが立ち入るには危険すぎる場所だが、当時の私はたまらなく楽しく、ワクワクしたものだ。みんなで廃材を拾っては壁や床を作り、家から持ってきたシートで屋根を覆い、オリジナルの基地ができた。

基地に入るための合言葉や暗号、自分たちなりのルールを作り、グループ内だけで秘密を共有していた。また、自然とグループ内の役割分担も生まれ、『お菓子調達班』『武器製造班』など、いろいろやりたいという気持ちが自然と湧いてきた。

その放課後の時間は、学級内とちがって異年齢の子たちと関わる機会だったので、とても貴重な時間だったように思う。『年下の子が仲間はずれにならないような気配り』や『年上の子へのあこがれ』などを学ぶ場となった」

短いレポートですが、Ｙさんが夢中になって遊んだ子ども時代の喜びとかけがえのなさが伝わってきますね。はたして現在の小学生たちはどうなのか、とても気になるところです。

生徒総会で要求した「休息」や「遊び」の保障

最近、相次いで私の耳に飛び込んできた、休息や遊びの保障を求める子どもの行動の報告があります。１つは、熊本県央のある中学校の生徒総会で、定期試験前の休み時間に勉強が〝強要〟される指導に対し、２年生のＡ君が「子どもの権利条約に反するのではないか」と発言したことです。知り合いの大人に相談しての助言と、かねてより子どもと対等に接してくれる先生の後押しもあったと聞きました。〝結果〟は２学期を待たねばなりませんが、友だちの支持もあり、Ａ君の意志は変わらないようです。

また、高知県の義務教育学校に通う中１のＢ君は、これまでの慣例で夏休みのプール開放が中学生を対象外としていたことに異を唱えました。「中学生は市営プールがあるじゃないか」という教師側の説明にも、「僕は小学生の頃から、夏休みに学校のプールで泳ぐのを楽しみにしていた」と引き下がらず、最後は認められたそうです。

子どもの自由の尊重、大人の問題こそ

夏休みを特集した『クレスコ』誌からお二人のメッセージをご紹介して、本章のまとめに代えたいと思います。(注3)

神代洋一さん（NPO法人東京少年少女センター理事長）は「子どもの休日を競争漬け・課題漬けにすることなく、子どもを信じ、尊重し、自由な時間を彼らに返すこと」が「権利の花が咲き誇る夏休み…の最低条件」だと言い切っています。また、増山均さん（早稲田大学名誉教授）は持論である「〈のんびり〉〈ぶらぶら〉〈ぼんやり〉の権利」を深めつつ「夏休みの意味」を問い、教職員や親の多忙やゆとりのなさなど「むしろ大人の側の問題を先に解決しなければならない」と強調しています。

注

（1）国連子どもの権利委員会ジェネラル・コメント第17号（2013年4月17日）平野裕二訳を参照。

（2）山下雅彦「いま、子どもの状況をどうとらえるか―〈地域の子ども〉の復権を」（埼玉県学童保

育連絡協議会『学童保育研究』第2号、1982年)。
(3) 神代洋一「自由な時間を子どもたちに返すこと」、増山均「夏休みの意味を考える—子どもの権利条約の視点から」(『クレスコ』2022年7月、同誌編集委員会・全日本教職員組合、大月書店)。

砂場でお昼寝(熊本の保育園)

木の上でひと休み(福岡の学童保育)

7 聴かれる権利
―〝子どもに〟ではなく、〝子どもと〟

子どもからの異議申し立て―私の場合

本章は、第1章でもふれた子どもの「聴かれる権利」(子どもの権利条約第12条)について考えてみましょう。最初に、わが家の事例を取り上げるのをお許しください。筆者の手元には、長女(38歳)が小学校4年生のとき、父親の私に宛てて書いたこんな異議申し立て(クレーム)のメモが残っています。

「お父さんへ　お父さんは私がしんけんに考えてゆうきをだして言ったそうだんを、ぜんぜんうけとめてくれないんだね。前のお父さんは、やさしくそうだんにのってくれて、私もがんばるゾ！って思えて、とってもうれしかったのに…」

今となっては、何のことだかまったく覚えていません。同じ頃のもう1枚のメモは、彼女のヘアスタイルについての私の言行不一致をとらえて「うそつき」と非難する強烈なものです（**写真1**）。心に余裕がなかったり、適当に聞いていたからかもしれませんね。

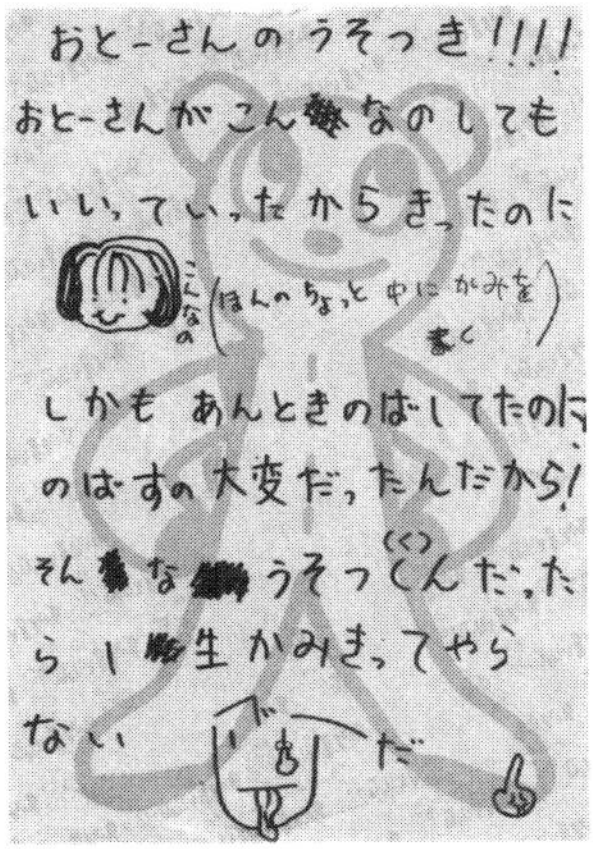

写真1

時は流れて27年後のある日。3人の男の子の母親となった彼女の家の中には、こんな長男（小2）の父親に対する「申し入れ」3項目が貼ってありました。

「おとうさんやさしくなってのおてほん。こここにかいてあるよ。●やさしいこえでおこる。なんでもいいから。●だっこしてっていったら、だっこして。●おかねをいっぱいかせいで、ゲームかって。おねがい。ぼくもがんばるね」

講演でこれらを紹介すると、「文句が言える関係がいいじゃないですか」と慰めてくださる方がいて、2人の「父親」は救われます。

子どもとのかけあいの妙

ここ2年ほどの間に筆者がたまたま見たテレビ番組が忘れられません。本章のテーマにかかわりますので、要点のみご紹介しましょう。

その1つは、NHK「70歳のゴキゲンツアー～渡辺貞夫と新人ドラマー～」（初回放送は2003年）です。私が見たのは2020年の再放送ですが、世界的に有名なジャズ・サックス奏者「ナベサダ」が、駆け出しのドラマー・横山和明君（当時高3）を連れて全国各地を巡る18日間の様子が記録されていました。

ナベサダほどの巨匠が、なぜ若すぎる横山君をツアーに同行させたのかという最大の不思議は脇に置くとして、1つの出来事が頭から離れません。ある地方都市のライブの途中、横山君の刻むスウィングが止まらなくなったのです。ナベサダが近づき表情で「先へ進もう」と促すも、事態は変わらない。印象的だったのは、その日の反省会で落ち込む横山君をナベサダが「やっちまったな」と一言声をかけるだけだったことです。私は、瞬間的にそこには音楽と、あとに続く未熟な若者への「リスペクト」があると感じました。

もう1つは、アメリカNBCの「LITTLE BIG SHOTS」―和訳すれば「小さな大物たち」?―という番組です。YouTubeで過去の何回分かを見ました。毎回、国内外の特技や特性をもった子ども1人をゲストに招き、長いソファーで肩を並べます。大勢の観客を前にしてホスト役の〝おじさん〟スティーブ・ハーベイがあれこれ質問します。その〝かけあい〟が絶妙なのです。ある回の男の子は、4歳なのに何かちょっとしたビジネスをやっていると―。それを聞いたスティーブが驚いて「私が4歳の頃は、どろんこ遊びしてたけどなぁ」と言うと、男の子は「ぼくも、ときどきはするよ」―「いや、私は毎日だよ！」と目を見開く…という具合です。毎回こんな感じですが、スティーブには「子どもへの敬意」が貫かれていると確信しました。はたして、日本に同類の番組はあるでしょうか？

〝子どもに〟ではなく、〝子どもと〟(コルチャック)

これらの身近な、あるいはたまたま知った大人と子どもの関係について考えるにつけ、思い起こされるのは〝子どもの権利条約の源流〟「ヤヌシュ・コルチャック」の百年前のメッセージです。筆者の在職時代の同僚・塚本智宏《ちひろ》さん(元・東海大学札幌キャンパス教授、現・札幌国際大学教授)の翻訳のおかげで出合ったその代表的なものは「子どもはだんだんと人間になるのではなく、すでに人間なのだ」と、「〝子どもに〟ではなく、〝子どもと〟」です。さらに、以下のような言葉も「子どもリスペクト」につながる大事な子ども観として、銘記しておきましょう(注1)。

「子どもは尊重され、信頼するに値し、友人としての関係に値する」

「大人と子どもの人生が、2本の並行したラインにそって走るというような、その幸福な時間は、いつ来ることだろうか」

写真２

ちなみに、こんなエピソードがあります。日本の視察団がデンマークのある保育園を訪れたとき、先生と子どもがすごく楽しそうに話していた。それを見た視察団の１人が後で「先生は、あの子に何を話していたんですか？」と質問したら、向こうの先生が一瞬「うーん」と考え込んで、こう返答したそうです――「私たちは、〝子どもに〟何かを話していたんじゃなくて、〝子どもと〟おしゃべりしてただけです」。ポーランドとデンマークは地続きですから、コルチャックの思想が伝わった可能性は十分に考えられますね。

筆者が10年前にデンマーク第2の都市オーフスの「森の幼稚園」で撮った、女の子と先生がおしゃべりしている1枚を、ここに貼付します（**写真２**）。いかにも〝子どもと〟って感じではありませんか？

「考え考え言う」山下少年を弁護する

蛇足ながら、これまた手元に残っている筆者が小2のときの通知表についてひとこと。所見欄には「元気旺盛になって少々落ち着きに欠けた」ことと並んで、こう書かれているのです――「発表するとき、考え考え言うので、少し時間をとりすぎるきらいがある」(3学期、1962年)。60年たって、私は山下少年を弁護したくなります――「多少時間がかかっても、それがこの子らしさですから、待っていただけませんか。今では、人前で話すとき、あまり考えずにしゃべってしまいます」。担任だった依岡絢子《あきこ》先生は、90歳近くになられましたが、高知市内でご健在です。

注

(1) 塚本智宏『〝子どもに〟ではなく〝子どもと〟―コルチャック先生の子育て・教育メッセージ』2018年、かりん舎、10頁・37頁・38頁。

8　競争主義が傷つける子どもの尊厳

国連から競争主義の是正を勧告され続けている日本

国連子どもの権利委員会は、日本政府報告書審査（第4・5回、ジュネーブ）をへて2019年3月、最終所見を公表しましたが、そこには「聞かれる権利」「子どもの参加」「児童虐待の防止」などとともにきわめて重要な勧告が含まれていました。（注1）

「社会の競争的な性格により子ども時代と発達が害されることなく、子どもがその子ど

も時代を享受することを確保するための措置を取ること」（パラ20）

「あまりにも競争的な制度を含むストレスフルな学校環境から子どもを解放することを目的とする措置を強化すること」（パラ39）

1998年の第1回から第3回まで、日本政府はずっとこの「極度に／過度に／高度に競争主義的な教育制度や学校環境」の是正を求められ続けてきました。今回はその競争主義が「社会」「子ども時代」全体に及ぶものとして、〝子どもを解放せよ〟とまで強く勧告されているのです。私の提唱する「子どもリスペクト運動」がこの勧告と不可分だということは、第2部第1章でふれました。

「私は勉強するために生まれてきたんじゃない！」

数年前、熊本のある教師が「子どもたちは、1日の与えられた課題・ノルマ・タスクをこなしている感じだ。今の学校はすることが多すぎて、近いうちにパンクする」と危機感を私

に訴えていました。また、別の小学校1年生の担任が語ってくれた次のようなエピソードも忘れられません。(注2)

「新年度、私は保護者に堂々と『生きる力は学力です。この1年でクラスの学力を上げます』と宣言する教師だった。休み時間と放課後、ときには家に行って遅れている学習を補った。6月頃、母親からA子が『私は勉強するために生まれてきたんじゃない！』と言って泣いていると連絡があった。『勉強を教えてくれている先生には言わないで』とも――。それを聞いて、自分のしていることが空っぽになった」

A子のひとことで、狭い〝学力向上路線〟の誤りに先生が気づけたことは幸いです。

受験本位の生活が子どもを追い詰める

さて、勉強や受験に特化された生活が子どもを精神的に追い詰めることは稀ではありません。第1章では、正月明けの大学入試共通テストの東大会場前で無差別殺傷事件を起こした名古屋の高校生や、塾通い漬けの毎日で「精神が崩壊しそう」「人生に疲れた」と悲鳴をあげる高知の小学生の例を取り上げました。

２０２２年8月に埼玉県戸田市の中３の少女が、「塾に行きたくなかった」と、方向違いの渋谷区の路上で面識のない母親と娘を包丁で刺した事件も記憶に新しい。中１の３学期から不登校になり、週1〜2回、保健室や自習室で過ごす一方、高校進学のため学習塾や英会話教室に通っていましたが、それも休みがちだったといいます。母親は捜査員に「娘はまじめな性格で物静か。私が受験勉強や学校のことを『ちゃんとやりなさい』と言っても、反抗することもなかった。私への不満をため込んでいたのかもしれない」と話したそうです（東京新聞、8月24日）。詳しい事情や真の動機は不明ですが、彼女が「ため込んでいた」のは、果たして母親への不満だけだったのか――。「死刑になりたかった」という絶望と〝たった一人の反乱〟が痛ましい。

１９６０年代から変わらない競争と分断のシステム

こうした悲劇が起きるたび、胸に去来するのは私自身の苦い経験です。小学校４年生の終わりから、小さな学習塾に通い始めました。めざすは私立中受験です。その塾には、私が転校してきた３年生のときからの仲良しで一緒によく遊んでいたＢ君もいました。そして、もともとは県内の中学校が〝目標〟だったのですが、試験日が少し早かった隣県の学校を、腕試しも兼ね４人が受験したのです。その結果、Ｂ君だけが不合格でした。彼の落胆と失望がどれほど大きかったか――。以後、夏休みに彼の家を訪ねても気まずさを感じ、友達関係は途絶えました。「分断」が生まれたのです。それから50年後、男女十数人の小学校プチ同窓会で彼に再会したとき、私の中にはまだ、わだかまりと罪悪感が残っていました。しかし、同窓会の中でＡ君が柔和な笑顔を私に向けてくれたとき、やっと「赦《ゆる》された」「和解できた」と思いました。

昨年末、山崎隆夫さん（教育科学研究会常任委員）のブログで知った香川県の元中学校社会科教師・中尾忍さんの講演内容は衝撃的でした。私と同世代の中尾さんの中学時代、毎月のテストごとに50番までの成績上位者の名前が廊下に掲示されたそうです。それは「思春期の入口の子どもたちのナイーブな内面や気持ちを、自己否定感や優越感の塊にしてズタズタに傷つける」（山崎）。中尾さんは大学入学後もそれを引きずり、学ぶ意味が見いだせない〝燃え尽き症候群〟になります。泣きながら書いた４年時の卒論は序論と結論のみで未完成だったそうです。しかし、それは「再生」の始まりでした。

私も二浪を含む長い受験生活の中で身に染みた非人間的な教育制度を「変える」ために、大学で教育学を学び始めました。しかし、どうでしょう？　このシステムはご紹介した国連勧告にあるように、今も変わらず日本の子どもと若者を苦しめ続けているのです。

個性と友情をはぐくむ運動会

競争主義ではない「かけっこ」の話で本章をしめくくりたいと思います。今から20年前の新聞連載（全13回）の中で取り上げたエピソードです。（注3）

長男が保育園年長組のときの運動会。スタートラインに立った4人のフォームの見事なバラバラぶりに、仰天しました。電話モシモシ型、突撃スタイル、剣道の構え…そしてわが息子ときたらスピードスケートの低い姿勢！　それぞれが練習で身につけた型なのです。表情は闘志むき出しで、世界陸上並みの緊張感が漂っていました。

「この保育園は『個性』を売り物にしているわけではありませんが、その子の意志と自由な表現を大事にすることで、間違いなく個性を育てています」

「個性も権利のうちです」

当時も、ほとんど会わなくなった今も、息子たちは〝互いに一目おく〟敬意と友情で結ばれているのを感じます。

注

（1）『国連子どもの権利委員会 日本政府第4・5回統合報告審査 最終所見—翻訳と解説』子どもの権利条約 市民・NGOの会編、2019年、4頁・8頁。

（2）山下雅彦『平和と子どもの幸せを求めつづけて』かもがわ出版、2019年、85頁。

（3）連載「子どもの権利ってな〜に」第5回「その子らしさの重み」（『熊本日日新聞』2002年6月1日。イラストは坂口芳枝、原図カラー）。

9 「こども基本法」「こども家庭庁」の根本問題

ちょっと不気味な「こどもまんなか社会」

2011年に滋賀県大津市の中2の男子生徒がいじめを苦に自殺してから11年目の先日、父親は記者会見で「これだけの時間が経過しても、いじめによる自死や不登校が増え続けている。変わらぬ現状が残念でならない」と語りました（2022年10月11日、共同通信）。このケースがきっかけで「いじめ防止対策推進法」ができたのですが…。児童虐待相談件数も30年連続で最多更新していますし、教師の体罰も後を絶ちません。

「こどもまんなか社会」という甘いキャッチコピーで、２０２３年4月、「こども家庭庁」が創設されました。しかし、28年も前に「子どもの権利条約」を批准しながら、〝一貫して〟条約に真正面から向き合わず、その履行を怠り、逆ベクトルの全国一斉学力テストさえ導入して反省もない日本政府に、はたして子どもの人権諸問題の解決を期待できるでしょうか。児童福祉法に「条約の精神にのっとり」が加わったのも、ほんの2年前。「今になって『子ども真ん中』を唱えるのは不気味な気もする」と書かれるのは当然です。(注１)

わが国は１９９４年４月22日に条約を批准しましたが、条約が発効する直前に文部省（当時）は早々と、条約は「世界の多くの児童が…飢え、貧困等の困難な状況に置かれている状況にかんがみて」作られたものであり、日本では「教育関係について法令等の改正の必要はない」とタカをくくったのでした（文部事務次官通知、5月20日）。今日に至るまで国内法の改正や新たな立法措置に後手後手の姿勢の出発点はここにあります。子ども食堂が６千か所にも増えた日本は、今や飢えや貧困とも無縁な国ではなくなっています。

「包括的な子どもの権利保障法」といえず、「独立した監視機関」もない

22年5月に可決された「こども基本法」は、そもそも、国連子どもの権利委員会が日本政府に求めた条約にもとづく「包括的な政策」といえるのでしょうか。端的に問題を3点だけ指摘すると、第1条の「目的」からは《権利の行使主体》としての子ども観が抜け落ち、意見表明権に関しては「自己に直接関係する全ての事項に関して」というように条約第12条「児童に影響を及ぼすすべての事項について」に不当な限定を加えています（傍点は筆者）。また、「家庭」や「保護者」の「第一義的責任」を滑り込ませる〝からくり〟は、「子どもの権利基本法」から逸脱するものです。

日本弁護士連合会が、条約の4つの一般原則を実現する上で「子どもの権利基本法」は「6つの役割」をもつべきだと提言していましたが（2021年9月17日）、参酌された気配はありません。

創設される鳴り物入りの「こども家庭庁」に、国連が強く求める「独立した人権監視機関」＝「子どもコミッショナー」が導入されなかったことや、縦割を打破するためといいながら、問題の多い教育分野は引き続き文部科学省が担うことは、多くの人を落胆させました。関連の予算においても、岸田首相は「将来的に倍増」と言うのみです。

子どもといえば「指導」なのか？―国連での追及

国連委員クラップマンさんと（2010 年）

筆者は、国連子どもの権利委員会による過去４回の日本政府報告書審査（ジュネーブ）に、市民・ＮＧＯのカウンターレポートを提出したのち、２回傍聴しましたが（第１回・１９９８年、第３回・２０１０年）、そこで強く印象づけられたことがあります。それは日本政府代表団が「子どもの権利」を正しく理解していないということです。理解する学力はあるのに、分かっていても受け入れたくないという〝防衛本能〟でしょうか。

忘れられない場面があります。第３回のドイツの委員クラップマンさん（ベルリン自由大学教授）が「日本政府報告書には、『指導（ガイダンス）』という言葉がやたら多く出てきますね。これはいったいどういうことですか？」と鋭く迫ったのです。〝子どもは、いつでもどこでも指導の対象なのですか？それは、子どもの権利条約の理念から外れていますよ〟ということです。条約は親などによる「適切な指示及び指導」を否定していませんが、それはあくまでも「子どもの権利行使」が前提なのです（第5条）。

こんなことにも添削が——遠藤少年の悔しさ

〝子どもの内心と表現の自由より教育・指導〟を象徴する典型的な事例をご紹介します。遠藤洋路さん（熊本市教育長、1974年生まれ）の「学校改革の原体験」と題されたエッセイです。(注2)小学生の頃、隣のマンションに「岸田君」という友達がいて彼の家でよく遊んでいた。あるとき、不幸にも交通事故で両親が亡くなった彼は親戚に引き取られ転校していった。クラス全員で彼に手紙を出すことになり、遠藤少年は「きしくん」と書いたのです。

「すると、担任が赤ペンで『岸君』と直した。習った漢字は使いなさいと——。そうじゃない。『きしくん』だ。いつも親しみを込めてそう呼んできた。ひらがなの柔らかい感じだ。

最後の手紙くらいそう書かせてほしい。

しかし担任はかたくなに、漢字に直すよう命じた。書き直さなければ手紙は出せないと。私は悔しさをこらえながら『岸君』と書いた」

遠藤少年がひらがなで書こうとした〝理由〟を聞いてもなお漢字にこだわり、添削し押しつける担任のこの〝かたくな〟な姿勢は一体何でしょう？　国語の授業やテストではないのです。数十年の時をへて、遠藤さんのエッセイはこう結ばれています。

「今、彼がどこで何をしているか知らない。けれど、もしもう一度会えたなら『きしくん』と呼びたい。そして、学校を幸せな場所にする仕事をしていると伝えたい」

遠藤教育長が市内すべての学校で人権侵害や不合理な校則見直しを提起したことは反響を呼びましたが、(注３)ことは学校教育で長年続いてきた問題の一つであり、それが今頃ニュースになること自体、遅れの表れです。

子どもの権利条約の観点が欠落している

文部科学省が子どもの権利委員会に提出した報告書は「校則の制定、カリキュラムの編成等は、児童個人に関する事項とは言えず、第12条1項でいう意見を表明する権利の対象となる事項ではない」と断言した上で、「必要に応じて、児童の意見を考慮した学校運営を実施している」との強硬姿勢は変わりません（第4・5回報告書、２０１７年）。

22年4月27日の内閣委員会における「こども基本法案」と「こども家庭庁設置法案」に関する国会審議でも、政府参考人はそれを繰り返し、校則見直しなどで子どもたちの意見を聞くことは「教育的な意義」があるので「望ましい」と苦しい言い訳をするのです。質問した塩川哲也衆議院議員（日本共産党）が、あきれて「子どもの権利条約の観点が欠落しているんじゃないのか」と締めくくったのは当然でした。(注4)

とはいえ、条約を学んで身につけてきた子どもたちやＮＰＯなど市民社会は独自に発展を遂げていますし、彼らの声に押されてやっとここまできた側面も見過ごせません。法や組織の活かせるところは活かし、〝魂と本気〟を吹き込むのはこれからです。

注

（1）『熊本日日新聞』２０２２年6月16日。新生面（1面コラム）。
（2）同右、２０１８年12月19日の夕刊。
（3）「その校則、必要ですか？　密着！　改革の最前線」（ＮＨＫ「クローズアップ現代」２０２１年９月９日）。
（4）【内閣委員会】子どもの意見表明権を認めない文科省／子どもの権利条約の観点が欠落（塩川哲也）http://www.shiokawa-tetsuya.jp/wp/?p=8691

10　子どもは「地域の宝」というけれど…

20年ぶりの赤ちゃんは「みんなのアイドル」

インターネット上の小さな記事が目に留まりました。(注1) 高齢者が7割を超える兵庫県丹波笹山市の或る集落で20年ぶりに赤ちゃんが生まれ、住民が喜びに沸いているという話題です。昨年大阪から移住してきた加藤さん夫妻の間で4月に蔵之介君が生まれました。お母さんに抱っこされて散歩していると、いつも地域のみんなが寄ってきて4、5人の人だかりができるといいます。過疎化の進む「全員が家族」のようなこの地域で、蔵之介君は「みんなのアイドル」（住民）であり、「宝物」「希望」（自治会長）なのです。

私は「捨て子」だった?!

突然ですが、小見出しに「ギョッ」としましたか？　ご安心ください。保護責任者遺棄の話ではありません。私は土佐清水市の小さな集落で生まれたのですが、生後数か月の頃、皮膚の病気がひどく（今でいうアトピーか?）、神仏に願かけても治らなかった…。困り果てた両親がとった窮余の策は、「親子の縁が薄い」と一旦〝捨てて〟地域の他の人に委ねることでした。いわゆる「拾い親」「仮親」の習わしです。朝暗いうちに村の入口にある辻に母が私を抱いて立ち、そこで出会った三人目の人に拾ってもらうというのです。

その結果、〝拾った〟のは同じ山下姓の親戚のおじさんでした。名前も「ひろし」と付け直されたそうです。おそらく、打ち合わせがあったのだと思われますし、ほんのかたちだけの〝儀式〟だったのでしょう。ちなみに、三番目に通りかかったのがたまたま犬だったら、その犬の後をつけて行って飼い主にお願いするというお笑いのような手順もあったんだとか…。面白いですね。私が小学校に上がっても、通学路で出会うそのおじさんの「後見人」のような温かいまなざしをいつも感じていたものです。

10年ほど前、ＮＨＫの『鶴瓶の家族に乾杯』でも、同様に「仮親」が出てくる場面がありました。香川県のとある町のことです。もちろん、こうした習俗は栄養や医療が生き届かず乳幼児死亡率も高かった前近代社会由来のものですが、しかし「迷信だ」と笑い捨てることができるでしょうか？　熊本発「赤ちゃんポスト」（こうのとりのゆりかご）は、親の育てられない赤ん坊を産科病院が預かるシステムで、私もその計画が浮上した２００６年秋から熊本市の検証委員会が立ち上がるまでの数年間、メディアの求めに応じ、「子どもの出自を知る権利」（子どもの権利条約第7条）の侵害の恐れを指摘し続けました。この問題は「内密出産」と言い換えられた今日でもまだ解決していません。背景には出産した女性の孤立や貧困もあります。

「家庭教育支援」という名の〝落とし穴〟

２０１３年に熊本県で施行されたのを皮切りに全国10県6市にひろがった「家庭教育支援条例」に注目と批判が集まっています。条例は家庭を「教育の出発点」とし、児童虐待やいじめなど今日のさまざまな子ども・子育ての問題の原因が「家庭の教育力の低下」にあると決めつけるものです。第1次安倍政権のもとで改悪された「教育基本法」（２００６年）で新設された「家庭教育」（第10条）を根拠に、保護者の「第一義的責任」（自己責任）を一面的に強調します。

いくつもの報道が明らかにしてきたように、古い家父長的家族観に固執し、ジェンダーや性教育否定の価値観を共有する自民党議員・旧統一協会・勝共連合・「親学」関係者の共鳴と癒着が背景にあったことも見逃せません。私的空間である家庭生活への公権力の介入は何より危険です。この動きは、成立がめざされるも野党の批判にあい２０１７年に棚上げとなった「家庭教育支援法」にも通じます。また、第9章で取り上げた「こども家庭庁」が「こども庁」から名称変更されたことにも、旧統一協会や「親学」が関与した疑いがつきまとっています。(注2) 旧統一教会2世から家庭崩壊や「家庭は地獄だった」との証言が相次いでいることとも悲劇です。条例が標榜する「親としての学び」と奇異な「(子どもが) 親になるための学び」は「親学の2本柱」に他ならず、「親が変われば、子どもも変わる」という謳《うた》い文句は子どもの権利の否定を内包しているというべきでしょう。

さらに、「支援」も〝くせもの〟です。「家庭の日」などの取り組みを通じて、県と市町村・学校・地域・事業者が一体となって「支援」の名で型にはまった過ごし方を子どもと親に押しつけるのはどこも同じです。２０１４年に条例が制定された岐阜県では毎月第３日曜日が「家庭の日」ですが、この日をテーマにした「わが家のふれあいアルバム作成」という宿題（優秀作品は表彰される）が「ストレスの種」「親子の争いのもと」になっていると大垣市の女性は言います。「家庭教育支援員」なる人が全戸訪問してくるなどというのも、たまったものではありません。(注３)

菊陽町の文化が子どもを育てる―吉野流子育ての極意

紙幅の関係で詳しくご紹介できないのは残念ですが、もう18年も前の本に取り上げられた熊本の〝肝っ玉母ちゃん〟吉野由美さんの子ども・子育て支援は、自身の子育て同様、ユニークで心打ちます。新年度、当時中３の息子さんが、東京からの転校生「クニヒコ」を家に連れてきたのがことの始まりです。茶髪でズボンを下げて履くクニヒコは、先生たちが手をつけられない〝ワル〟で、「少年ギャング」の一員だったと誇らしげに自己紹介します。吉野さんが他の大人と違うのは、「この子を逃がしたらいかん」と考え、カツアゲや万引きなど悪さの数々を「発表」させることから始めるやり方です。１、２週間たってネタが尽きたころ、彼女はおもむろに宣言します―「ばってん、〔ここには〕菊陽町の文化ちゅうもんがあるもんね」―それをこのおばちゃんが「お前に教える」。

クニヒコが学んだ文化とは、高い岩の上から川に飛び込むこと、ポッキーにつられて玄関の靴をそろえること、挨拶したくない先生にも「来んちゃえーっ」（来なくていい）と「こんにちは」とまぎらわしい言葉を発すること（吉野さんのアドバイス）、昼飯目当てに障害者施設のボランティアに行き学ぶこと、最後はお好み焼きの具の多様性から「自己チュウ」に気づくこと…等々です。

クライマックスは、息子からご当地の「ギャングのボス」だと聞いてきた吉野さんを、授業参観の最中にクニヒコの母親が探し当て、対面する場面です。(注4)

「私はクニヒコのお母さんに、「あーたげん子（おたくの子）は、かわいかね―。ほんによか子ね」言うたら、そのお母さん、泣きだした。「うちの子を『よい子』って言ってくれたのは、吉野さんがはじめてです。今まで、どこに行っても『おたくの子とは遊ばせません』とか、『おたくの子がうちの子を誘惑したから、悪くなりました』と言う人ばっかりでした」と話されました。「あたが子（あなたの子）だけん、よか子だろうたい。よう育てたねえ。素直なよか子たーい」言うたら、涙ボロボロ流しなはる。「ここで泣かんで。涙は親が死んだときにとっとかなん」。そのお母さんとも友だちになりました」

ここには、間違いなくクニヒコとその母親への「リスペクト」があります。この本の出版以降、吉野さんには講演依頼が続いてきたのですが、２０２０年の熊本県ＰＴＡ研究大会の「家庭教育」分科会でも、吉野さんは「子育ては実験だから失敗もします。失敗したらまたやり直せばいいいんです」と語り、最後まで「子育てはこうしなさい」とは言わなかったとか（ネット上の報告）。さすが、私が発見した熊本の絶滅危惧種です。

注

（１）『丹波新聞』２０２２年９月27日。
（２）本と雑誌のニュースサイト『リテラ』２０２２年７月19日。
（３）「自民・統一協会が全面推進―各地で家庭教育条例」（『しんぶん赤旗電子版』２０２２年９月21日）。
（４）吉野由美・山下雅彦『子育てにマニュアルなし！』かもがわ出版、２００４年、46頁。

11 「指導（しつけ）のため」という〝大義名分〟を問い直す

熊本市の放置された体罰問題

全国ニュースでご存じの方も多いと思いますが、熊本市の小学校教諭（60歳）による体罰・暴言問題は、彼が担任した6年時のA君が「うつ」になり中学入学直後に自殺（2019年4月）した後も放置され、昨年（2022年）12月になってやっと懲戒免職されるという不可解なものでした。驚くべきは、今回の処分の判断材料が43件に及ぶことに加え、20年前にさかのぼって、小学生の頃、忘れ物が多いなどの理由で当該教諭から連日殴られたという天草市の男性の証言です。この証言を取り上げた地元紙は、元教諭が授業や部活で「優秀な指導者」として「評価」されていたとの「熊本市詳細調査委員会報告書」（２０２２年10月）を紹介しています。しかし、その実態は「恐怖支配だった。返事の声が小さいと、壁に向かって『はい』と何十回も言わされた」（亡くなったＡ君の友人）という残酷なものです。(注1)

当然ながら、熊本市教育委員会のこれまでの対応には亡くなったＡ君の両親はじめ、当時の級友たち、自殺前から被害を訴えてきた保護者たちから、「受け止めが甘い」「処分は遅すぎる」「一刻も早く子どもたちから引き離してほしかった」などの声があがっています。

第９章で、私は遠藤洋路熊本市教育長が小学校時代、転校した友だちへの手紙に親しみを込めて書いた「きしくん」の宛名を担任に無理やり「岸君」と添削され「悔しさをこらえ」たエピソードを紹介しました。しかし、今回犠牲となった子どもたちの「悔しさ」と苦悩はそのレベルではなかったのではないでしょうか。遠藤氏の近著のタイトルは『みんなの「今」を幸せにする学校』（２０２２年４月）だったのですが…。これで「終わりではない」（Ａ君の母親）のです。

〝人権は譲れない〟――「指導」や「しつけ」それ自体を問い直す

熊本市の今回の報告書は百ページを超える大部のものです。当該教諭の「不適切な指導」がA君の「自殺の誘因となる『抑うつ状態』に強く影響した」というのがその結論ですが、私が一読して失望を禁じ得なかったのは、問題の分析に「子どもの権利（条約）」が出てこないことです。「条約は道具（ツール）として使われるべきもの」（国連子どもの権利委員会）なのに――。権利条約については、最後の「再発防止のための提言」として、「児童生徒自身が、自らの権利について学ぶことも、学校事故・事件の抑止に効果的である」とし、「児童生徒、教職員双方が子どもの権利条約を学ぶ」研修を提案するのみです。

そもそも、今回の報道でも多用される、問題の本質を隠したかのような軽い「不適切な指導」という用語はいつ頃から、どこで使われるようになったものでしょうか？

ちなみに、権利条約に関する直近の国連への第4・5回日本政府報告（2017年6月）は、「児童に対する暴力は、殺人罪・傷害罪…（中略）…等による刑事処罰の対象とされており、事案に応じて適切な処理が行われている」とわずか3行で済ませていましたが、子どもの権利委員会は審査の結果、「学校における体罰が法によって禁止されていることに留意する」ものの、それが「実効的に実施されていないこと」「民法および児童虐待防止法が適切な懲戒を用いることを許し、体罰の許容性について曖昧であること」などを「深く懸念する」との「最終所見」（2019年3月）が突きつけたのでした。(注2)

実は今から22年前にも、県内で教師のセクハラ体罰やわいせつ事件が続発しました。地元紙は「『子どもの人権』認識低く―閉鎖性打破の努力を」との特集記事を組んでいます。そこには、「教師は子どもの上に立つ権威者として、『指導ありき』というスタンス。児童への暴力は学校という閉鎖的な空間、教師の立場が生んだともいえる」と書かれ、1994年に批准した子どもの権利条約を「教師や子どもに周知する場はほとんどない」との筆者のコメントが付されていました。(注3) その5年後、同紙は「権利条約の精神に立ち返れ―子どもの人権」と日本政府を「強く批判」しています。(注4) 現状と対応の変わらなさに愕然とせざるをえません。

折も折、2022年12月に文部科学省の『生徒指導提要』改訂版が公表されました。全文300ページ近くに及ぶ膨大な〝手引き〟です。文字通り、「指導」で埋め尽くされています。権利条約の理解は「生徒指導の取組上の留意点」として「必須」だと言いながら、その取り上げ方は条約の「4つの原則」の紹介に限定された2ページ足らずに過ぎません。(注5)

先だっての臨時国会では、民法上の親による「懲戒権」が削除され体罰が禁止されるという前進がありましたが、「子の心身の健全な発達に有害な言動」の禁止は〝健全な発達に必要なしつけ〟が残る余地を残しています。なお、学校教育法第11条は体罰を禁止していますが、教員らの懲戒権を認めた上での〝ただし書き〟によるものです。

私たちは、今あらためて「指導とは／しつけとは何か」、そもそも「子どもを懲らしめるってアリなのか」を、権利条約に立ち返ってラディカル（＝根本的）に問い直す必要があるのではないでしょうか。「人権はゆずれない」（２０２２年11月のサッカーワールドカップでドイツチームが、口をふさいだポーズでＦＩＦＡに抗議したメッセージ）の精神で。

子どもが大人にものいうことのハードルは高い

少し込み入った話が続き、紙幅も尽きそうですので、ここからは本題にかかわる〝採れたて〟の学生たちのミニレポートを、コメント抜きで３本だけ紹介しましょう。第２部第２章でも取り上げた「子どものくせに／子どもだから」と言われた体験から―。３本目だけは逆パターンで、ホッとさせられます（熊本大学教育学部「人権教育論〈子ども編〉」）。

「私は小学生の頃、担任の先生に『お前らはまだたった10年しか生きていない。俺は50年以上生きてきて世の中のことをよく知っているから、俺の言うことは絶対聞きなさい』と初日に言われました。その時、『確かにそうだけど、年齢のことはどうしようもないじゃないか』と、悔しくなりました」（Bさん）

「小学校低学年の頃に、立ち入り禁止の池で釣りをしていた人に『そこで釣りしちゃダメなんだよー！』と言ったら、『うるせえ、ガキが！』と返された」（C君）

「ある失敗をしたとき、『子どもだから失敗しても許される。今のうちにどんどん間違っていいよ』と言われ、すごく救われたことがあります」（Dさん）

※子どもリスペクト研究会のご案内

私は、1年前から全国の20人ほどの仲間と「子どもリスペクト研究会」を続けてきました。

その第8回として、2023年2月7日（火）夜、塚本智宏さん（札幌国際大学教授／元・東海大学札幌キャンパス教授）に「子どもには人間として尊重される権利がある──コルチャックに学ぶ」というテーマでオンライン講演をお願いしています。

※塚本講演は、40名超の参加で無事終了しました。

注

（1）『熊本日日新聞』2022年12月18日。
（2）『国連子どもの権利委員会 日本政府第4・5回統合報告審査 最終所見──翻訳と解説』子どもの権利条約市民・NGOの会編、2019年3月。
（3）『熊本日日新聞』2001年1月13日。
（4）同右、2006年10月31日。
（5）文部科学省『生徒指導提要』2022年12月、32──33頁。

12 「子どもリスペクト」が〝当たり前〟の日常へ

子どもと響きあって輝く〈教師という仕事〉

２０２２年度、４年生の男の子Ｋさん1人の支援学級担任になった宮崎の押川博重さん（49歳）。中堅とはいえ、特別支援にかかわるのは初めてです。初対面の緊張感も薄れ、ほとんど言うことを聞かなくなった5日目のこと。まずはその子と仲よくなろうと、一緒に校庭の「お花見草取り」しながら話をしようとしたのですが「彼の興味はクルクルと移り変わり、お花見どころか、気づくと彼は校庭の小さな池のそばにいて何かを見つめていました」。

「呼び戻すのを諦め、『仕方ないなあ…』と彼のいる池の方に歩いていくと、その視線の向こう側にあったのは、ちょうどヤゴがトンボへと羽化する瞬間だったのです。びっくりした私は急きょ授業内容を切り替え、彼とその羽化したばかりのトンボを見つめることにしました。…（中略）…

羽を伸ばし乾かすためにピクリとも動かないトンボを眺めながら、彼は『触ってもいい？』と私に問いかけてきました。私は『今、羽を伸ばしているところだから、触ると池の中に落ちることがあるんだよ』と語りました。すると彼は驚くほどじっくりと、１時間もの間、そのトンボを見続けたのです。近くには、すでに４～５匹も羽化をしたヤゴの殻があり、その発見にも２人で大喜びでした。…（中略）…下校後に改めて２人でその場所を訪れてみると、そのトンボは無事に空へと飛び立った後でした。私たちは２人で顔を見合わせてにっこりと喜ぶことができたのです（注１）」

とかく子どもの思いを汲み取ることなく、一方的な「授業」に陥りがちだったという押川さんにとって、この日の出来事は「お互いに『あなたがいてくれてよかった』『学校が楽しい』という幸福感に満たしてくれた」教師生活の転機となりました（本人談）。

本書では、狭い「指導」にとらわれたり「体罰」に走る教師の問題にふれましたが、それは教員養成に40年かかわってきた私には辛いことでした。しかし、こんな押川さんのエピソードを知ると、「やっぱり、教師っていいな」という確信に戻るのです。

クリニックでの親子の〝攻防戦〟

第5章のタイトルは「子どもは走る、叫ぶ、踊る—そのムダで必要な動き」でした。片時もじっとしていない子どもの習性に言及したのです。昨年暮れのクリスマス直前、カゼをひいた私が最寄りの耳鼻咽喉科の待合室にいると、母親に連れられて3人の男の子が入ってきました。筆者の長女の「3匹のこぶた」とほぼ同じ8歳・6歳・4歳ぐらいです。みんな、元気そうでしたが…。

やはりこの3人も、来てからずっと動き回ったりちょっかいをかけあったりしています。ほどなく、母親と子どもらの〝攻防戦（バトル・ショー）〟が始まりました。どっちが〝攻〟でどっちが〝防〟か分かりません。きっと、いつものことなんでしょう。

「うろちょろしない！」「しゃべらない！」「ねえ、ここはどこだっけ？」「朝、約束したよね」「そんなんじゃ、もう〇〇買ってあげないよ！」（母親）

あとで長女に見たままをメールすると、「子どもがすることはどこも同じ」「ママ、お疲れさまです」「みなさんが温かく見守ってくれるといいが」という短い感想が返ってきました。子どもたちが周りの迷惑になるようなことをするわけでもなく、母親も声を荒げたり、まして叩いたりしなかったのは幸いでした。ずっと眉間のシワは消えなかったけれど…。

母親の立場にたって私が思ったのは、がんじがらめに〝監視〟〝注意〟し続けるのは疲れるし、迷惑や危険の〝限界〟をあらかじめ想定しておけば、あとは周りの人を信頼してずっしり構えてていいんじゃないかということ。さらに、このような子育てが直面する心配や困りごとについて、親同士が（あるいは子どもたちを交えて）率直に相談・交流しあえる場が身近にもっとあればいいなぁということです。いかがでしょうか？

「ママは育てるのがじょうずだねぇ」

ついこの前のこと。孫娘の1人「親指姫」に母親（私の次女）が〝ワニブタ子どもの権利絵本〟3部作の1冊『あなたはそだつ』(注2)を読んでやると、何をどう思ったのか、「ママは育てるのがじょうずだねぇ」と言ったそうです。3歳のわが子に子育てをほめられて、30代の母親は喜んでいました。

最近の親指姫は言葉がふえ、会話が楽しいのと同時に人への興味もひろがっているようです。外に出かけると「子どもがいるねぇ」と言ったあと、自分から「なんさい？」「おなまえは？」と聞きにいくらしい。先日、私は彼女に「ひげじいちゃんは、なに乗ってるの？」と聞かれ面食らいましたが、母親の通訳で車の名前を聞いていることが分かりました。

「子どもリスペクト」が〝当たり前〟になる日を夢見て

提唱者である私自身、「子どもリスペクトとは何か」を模索しながら『子どものしあわせ』誌上で「子どもの発見から『子どもリスペクト』へ」の1年間の連載を続けてきました。毎回、関連するエピソードや論点に不自由することなく楽しく執筆できました。気がつけば、共感・賛同してくださる方もふえ、「子どもリスペクト研究会」は8回を数えるほどです。

ここ最近、メディアでよく知られるようになりましたが、バレーボール元日本代表の益子直美さんが立ち上げ、この7年で福岡・神奈川など6県にひろがった「監督が怒ってはいけない大会」は、スポーツの暴力・暴言からの〝決別宣言〟であるとともに「子どもリスペクト」運動の1つだと受け止めていいのではないでしょうか。これからの学校部活の地域移行にあたっても、欠かせない理念であり、指導方法だと思います。

また、「国際的な人権基準と照らし合わせてみると、日本では人権が守られていない」との危機感から書かれた近著の中で、藤田早苗さん（英国・エセックス大学人権センターフェロー）が、人権について政府が果たすべき3つの義務の筆頭に「尊重義務」（ｒｅｓｐｅｃｔ）、

すなわち「人がすることを尊重し、不当に制限しないこと」を挙げているのは、私たちにとって大きな励ましです。[注3]

これからも、「子どもリスペクト」が〝当たり前〟（英語でＲｉｇｈｔ。〝権利〟もＲｉｇｈｔ）になる日を夢見て、多くの方々と手をつなぎ、研究と実践・運動を進めます。ご愛読、ありがとうございました。

注

（１）『子どもの権利条約宮崎の会Ｎｅｗｓ』Ｎｏ．１７９（２０２２年５月）９頁。

（２）『ワニブタ子どもの権利【Ｒｉｇｈｔ】絵本③あなたはそだつ』絵・前田達彦、文・大屋寿朗、Ａｒｔ．31、２０２２年５月。

（３）あとの２つは「人を虐待から守ること：『保護義務』（ｐｒｏｔｅｃｔ）」と「人が能力を発揮できる条件を整えること：『充足義務』（ｆｕｌｆｉｌ）」（藤田早苗『武器としての国際人権―日本の貧困・報道・差別』集英社新書、２０２２年12月）。

おわりに

本書の元になった初出の報告書・月刊誌は次頁に記しました。転載を快諾してくださった鹿児島子ども研究センター（黒川久美理事長）と日本子どもを守る会（増山均会長）に、お礼申し上げます。転載にあたり、一部改題や修正を施しました。登場人物の年齢・所属・肩書き等は、原則として執筆当時のままです。

ある方に「子どもリスペクトは、山下さんのライフワークですね」と言われ、そうかも知れないと思っています。退職後に経験した思いがけないコロナ禍と体調不良（2度の手術）のおかげで、先行きに不安を覚えることもありましたが、２０２２年初頭からの準備会をへて、２０２３年４月12日に「子どもリスペクト研究会」が正式に発足するなど、運動は全国展開し始めました。〝合言葉〟は「子ども、なめるな」「子どもを解放しよう」「子どもと友だちになろう」です。

最後に、本書出版をわがことのように喜び、帯に的確な推薦文をお寄せくださった大学院時代からの先輩・増山均さんと、短期間の編集作業を終始リードしてくださった明誠書林代表の細田哲史さんに心より感謝いたします。会うたびに、思いがけないエピソードや視点を〝提供〟してくれる5人の孫たちにも「ありがとう！」。

【初出一覧】

第1部　なぜ今、子どもリスペクトか？

1　「地域に子どもの居場所はあるか―子どもの人間的尊厳への「リスペクト」運動を」（鹿児島子ども研究センター『かごしまの子ども』第37号、２０２０年）

2　「〈遊び〉と〈文化〉が子ども時代を豊かにする―子ども観の転換を」（日本子どもを守る会『子どものしあわせ』２０２１年8月号）

3　「第67回子どもを守る文化会議報告―子どもは人として尊ばれているか？」（日本子どもを守る会『子どものしあわせ』２０２２年2月号）

第2部　子どもリスペクトとは何か

1～12　「子どもの発見から『子どもリスペクト』へ」1～12（日本子どもを守る会『子どものしあわせ』２０２２年4月号―２０２３年3月号）

子どもリスペクト研究会
（略称：子リス研）のご案内

あなたも「子リス研」の仲間になりませんか？

会へのお問い合わせや入会申し込みは、お気軽にメールで下記までどうぞ（山下）：

myamas910i@yahoo.co.jp

【参考】子リス研会則（抄）

前文　私たちは、子どもを〈人間として〉〈子どもとして〉〈個人として〉尊重する社会をめざす運動の発信源として、この研究会を始めました。運動の中心に置くのは、「児童憲章」と「子どもの権利条約」の子ども観です。権利の行使主体としての子どもが大人と対等な関係をもつことが“当たり前”となるように、あえて「リスペクト」という軽やかな言葉を使いたいと思います。

第１条（名称）本会は「子どもリスペクト研究会」と称する。

第２条（目的）本会は、児童憲章と子どもの権利条約の子ども観を探究し、その成果を「子どもリスペクト運動」としてひろげることをめざす。

第３条（活動）本会は、上記目的に沿う研究例会や交流会を企画・実施する。

第４条（会員）本会の理念と目的・活動に賛同する個人を会員とする。

第５条（会計）本会の会費は年額 2,000 円とする。

会期は４月１日から翌年の３月31日までとする。

山下 雅彦（やました まさひこ） プロフィール

東海大学名誉教授
1953 年、高知県生まれ。

京都教育大学教育学部教育学科卒業、東京都立大学大学院人文科学研究科修士課程修了。

専門は、教育学・社会教育学、子ども・子育て論。

2019 年 3 月、東海大学九州キャンパスを定年退職。

子どもの権利条約市民・NGO の会共同代表、子どもの権利条約 31 条の会世話人、日本子どもを守る会理事、子どもリスペクト研究会会長。

特定非営利活動法人学童保育協会理事、くまもと子育て・虐待防止ネットワーク研究会代表、登校拒否・不登校に学ぶフレンズネットワークくまもと顧問、一般社団法人熊本私学教育支援事業団理事、平和が一番！東区の会代表、立憲主義を未来へつなげる大学人の会くまもと世話人。

熊本子育て教育文化運動交流会元事務局長。熊本市次世代育成支援行動計画策定委員会元副座長、熊本市男女共同参画会議元会長。第 61 回社会教育研究全国集会（2022 年）元実行委員長。

主な著書:『子どもの中の力と希望―「子どもの権利条約」がつなぐ子育て・教育・文化―』（ミネルヴァ書房、1998 年）、『子育て再発見―それでもやっぱり、子育ては楽しい―』（ミネルヴァ書房、2006 年）、『子育てにマニュアルなし！』正／続（共著。かもがわ出版、2004 年／ 2009 年）、『みんなで希望の子育てを』（新婦人しんぶん連載のブックレット化・私家版、2007 年）、『うばわないで！子ども時代―気晴らし・遊び・文化の権利（子どもの権利条約第 31 条）』（共著。新日本出版社、2012 年）、『遊びをつくる、生活をつくる。―学童保育にできること―』（共著。かもがわ出版、2017 年）、『ゆっくりしたい！あそびたい！！遊びと文化と自由な時間』（共著。Art.31、2018 年）、『平和と子どもの幸せを求めつづけて－困難な時代に子育て・教育の希望をさぐる－』（かもがわ出版、2019 年）。

その他、企画・編集協力・解説を担当した藤原朱美著『わたしの愛しい子どもたち―朱美先生の子どもエッセイ―』（本の泉社、2018 年）、『山ちゃんのオランダちょい紀行 Yama-chan’ s Short Trip to the Netherlands』（私家版ブックレット、2020 年）がある。

子どもリスペクトから始めよう！
子どもの権利が当たり前の日常へ

2023年5月24日　第1刷発行

著　者　　山下雅彦
発行者　　細田哲史
発行所　　明誠書林合同会社
〒357-0004　埼玉県飯能市新町28-16
電話　042-980-7851

装　幀　　村岡志津加（Studio Zucca）
印刷・製本　　藤原印刷

ISBN 978-4-909942-29-6